# Work in the Future

# 工作的未来

## 人工智能与就业替代

[英] 罗伯特 · 斯基德尔斯基（Robert Skidelsky）
[英] 娜恩 · 克雷格（Nan Craig） ◎主编

张林 张思齐◎译

中国金融出版社

责任编辑：王雪珂　　责任校对：李俊英　　责任印制：陈晓川



**图书在版编目(CIP)数据**

工作的未来：人工智能与就业替代 / ［英］罗伯特·斯基德尔斯基等主编；张林，张思齐译. —北京：中国金融出版社，2021.7
ISBN 978-7-5220-1111-0

Ⅰ.①工… Ⅱ.①罗… ②张… ③张… Ⅲ.①人工智能—影响—就业—研究—中国 Ⅳ.①D669.2 ②TP18

中国版本图书馆CIP数据核字（2021）第171744号

工作的未来：人工智能与就业替代
GONGZUO DE WEILAI: RENGONG ZHINENG YU JIUYE TIDAI

出版
发行　中国金融出版社
社址　北京市丰台区益泽路2号
市场开发部　(010) 66024766，63805472，63439533 (传真)
网 上 书 店　www.cfph.cn
　　　　　　(010) 66024766，63372837 (传真)
读者服务部　(010) 66070833，62568380
邮编　100071
经销　新华书店
印刷　保利达印务有限公司
尺寸　169毫米×239毫米
印张　13.75
字数　176千
版次　2021年9月第1版
印次　2021年9月第1次印刷
定价　49.00元
ISBN 978-7-5220-1111-0
如出现印装错误本社负责调换　联系电话 (010) 63263947

# 前　言

□ 罗伯特·斯基德尔斯基/娜恩·克雷格
[伦敦全球研究中心]

2018年2月，伦敦全球研究中心（Centre for Global Studies）策划召开了一次研讨会，主题是“工作的未来”，分为八个议题。我们希望研讨视野比以往更开阔，不仅要回顾人类工作的历史演绎，更要思考在当今及未来工作会如何发展变化。本书的大部分撰稿人均出席了那场研讨会，书中的内容也基本源于他们的演讲。另外还有几篇文章来自研讨会之后的约稿，目的在于拓宽本书的主题范围。

当我们谈论工作的未来时，人们往往只是狭隘地关注自动化及其引发的相关社会经济问题。本论文集则旨在进一步拓宽议题：工作的特征在历史上都发生了哪些变化？这些变化将预示未来的工作会如何演变？时过境迁，我们对工作的态度又发生了哪些转变？未来几十年，无论是专业工作，还是日常工作或体力工作，其自动化水平都将日益提高。由此我们的工作关系和人际关系将发生怎样的变化？我们又该如何应对这些变化？

多年来，由于“机器替代人”的说辞广为流传，关于自动化对人类工作的影响频频见诸报端。但现实生活是否恰如文章标题所言却令人存疑。一方面，回顾历史，科技的确毁掉了许多工作，但同时它也创造了新的就业机会以取代那些被它摧毁的工作岗位，未来仍将如此。科技在过去不仅创造了许多新的工作，而且还缩短了每项工作的时间。这种现象将来还会不断自我重复。另一方面，也有一种观点认为，不管过去确实发生了什么，但目前我们已经（或者即将）达到一个临界点——随着智能机器的出现，科技对现有工作的摧毁速度正在超过其创造新工作的步伐。长此以往，技术性失业将从过去相对良性的进程无意中变异为一种致命威胁。

基于上述两种观点，有几个问题值得讨论。首先是以史为鉴。自工业革命以来，有关人口增长、就业率提高、工作时数、每小时工作报酬等方面的长期数据可以告诉我们哪些信息？它们实际上说明了什么问题？大多数人把对机器造成净失业的“卢德式恐惧”（Luddite Fear）视为一种预测，但结果并非如此（**19世纪初，许多英国工人不满日益贫困的现状，他们认为机器替代人是造成自己贫困的原因，于是展开了一场声势浩大的捣毁工厂、破坏机器的运动。据说运动由一名叫卢德的工人发起，所以被称为“卢德运动”——译者注**）。为什么他们错了？他们又错在哪里？假设其他条件不变，卢德派对机器的恐惧是有道理的，大卫·李嘉图（David Ricardo）在他的论文《论机械》（*On Machinery*）中对此也给予肯定。

麦肯锡全球研究所（McKinsey Global Institute）在一份报告中指出，理论上自动化可以使当前全球经济活动中的人工劳动时间节省50%；不过按照目前的发展速度，到2030年至多也就能节省30%的时间。虽然报告对那些面临风险的工作岗位进行了评估，却对自动化的净就业影响避而不谈。

最普遍的观点是，自动化将导致净就业损失，或者说技术性失业，但这些都将是临时性或过渡性现象。老一辈经济学家曾经将失业划分为短期类和长期类，但从来没有人明确界定这个“短期”究竟有多短。与那些认为工作岗位损失只是暂时现象的观点不同，也有一些人持更加悲观的态度，其中包括马丁·福特（Martin Ford）和拉里·萨默斯（Larry Summers）。他们认为，自动化造成的工作岗位损失实际上是永久性的，除非采取某些相应的对策。

另一个问题是新工作将从何而来。人们普遍认为，那些能够在其他工作萎缩时反而逆势扩张的工作岗位都属于新创造出来的，这些岗位往往需要从业者心灵手巧并提供面对面的服务，例如医疗保健、护理等工作。我们可以创造出多少这类新岗位？为什么其数量应该等同于那些被自动化替代的岗位？对于创意产业来说，“赢家通吃”是一个普遍现象：顶尖的艺术家可以日进斗金，而泛泛之辈却一无所获。

接下来的一个问题是，人们对工作的意愿到底有多么强烈和迫切，不仅取决于技术和未来工作的性质，而且取决于他们的所需所求。需要和想要不尽相同，但在经济学家眼中它们却并无二致。我们通常渴望自己需要的东西，但并不一定需要所有那些渴望的东西。未来工作意愿的强烈程度，部分取决于我们对人性的认识和消费动机。

此次研讨会上，我们首先回顾了历史，特别是考察了过去几个世纪中的“前现代”工作模式及其演变。工业化之前的工作也许非常艰辛，但与现代工作相比，它们更显得劳逸结合，因为那时的人类活动——主要是务农和打仗——都是季节性的。工作对人们的意义是什么？进入20世纪，工作的定义已经狭隘到仅仅是指有偿就业，工作与休闲被错误地一分为二。我们有必要把休闲人和劳作者割裂开来吗？我们总认为二者截然对立，但实际上并非总是如此，未来也不一定还会如此。

理查德·唐金（Richard Donkin）强调，在人类历史的大部分时期，工作与生活的其他内容水乳交融。工作不仅仅是一种谋生手段，而且也是家庭或社会生活的必要元素，是一种充满愉悦的活动。

理查德·塞内特（Richard Sennett）通过研究昔日的工匠艺术，向人们展示了身体对于脑力劳动的重要性，脑力劳动的创作不仅费心劳神，而且同样需要身体力行。他驳斥了那种认为自动化系统能够彻底取代人类劳动的观点，并建议我们应该谨慎采用某些看似节省劳力的技术。这类技术刻意将脑力劳动中的体力因素剔除，从而瓦解和掏空人类世代传承的技能。

安德丽娅·康罗希（Andrea Komlosy）那篇文章勾画了工业革命时期"男人挣工资+女人做家务"这种男女分工的家庭模式取代传统家庭经济模式的历程，并以曲线形式演示了这一替代过程的跌宕起伏。我们看到，"男人挣工资+女人做家务"这种工作模式虽然在西欧蔚然成风，但在世界上其他地方始终未能占据主流。一旦男人和女人都不愿意也不可能充当纯粹的"料理家务"或"挣钱养家"角色，工作怎么才能做到兼顾家里和家外呢？

在研究了一些工作模式在时间长河中的演变轨迹之后，我们再来看看人们对工作的态度发生了哪些变化。正如斯图兹·特克尔（Studs Terkel）在他的口述历史《工作》（*Working*）中所言：工作"也是一种探索，不仅仅是为了填饱肚子，也是在寻找日常生活的意义……简而言之，工作是为了享受某种生活方式，而不是行尸走肉般地从周一熬到周五"。

大卫·斯宾塞（David A. Spencer）解释了经济学家对于工作态度及其影响的种种叙事。特别是那些古典经济学家和新古典经济学家，他们无法想象这样一个事实：对于工人而言，工作可以不是一件充满艰辛和痛苦的事情。皮埃尔-米歇尔·门格尔（Pierre-Michel Menger）描述了在一个社会内部（特别是在法国），人们对工作所持的积极和消极态度如何相互作用。娜恩·克雷格（Nan Craig）则从历史的角度追溯了人们工作态度发生变化的前因后果，并建议我们重新拓宽工作的定义，从而将那些有偿工作之外的活动也涵盖进来。

接下来我们直接讨论那些导致工作生涯变化的技术进步。卡尔·贝内迪克特·弗雷（Carl Benedikt Frey）和詹姆斯·贝森（James Bessen）分析了自动化进步对工作生涯所产生的积极或消极影响。弗雷解释说，技术对人们的工作生涯产生何种影响，将决定人们对技术进步和自动化的态度；反过来，这些态度也会在一定程度上影响到技术应用的进程。

詹姆斯·贝森描述了自动化在过去如何改变了工作模式，并且预测将来还会以何种方式继续加以改变。他认为，某种职业或某类工作不太可能彻底销声匿迹，相反，它们会随着技术的发展而不断进化，并在某些工作环节的自动化过程中大放异彩。判断自动化究竟是创造还是摧毁就业的决定性因素是需求而不是技术。

技术的好处是什么？人们常说："显而易见，自动驾驶技术可以减少交通事故，自动诊断和治疗系统则会降低医疗事故。"我们虽然明白其中的道理，但算法交易究竟是提高了金融市场的效率还是使其更容易崩溃？迄今为止，答案似乎更倾向于后者。我们也需要仔细分析另一个更为普遍的观点，那就是技术可以使消费品变得物美价廉，使更多的人得以享用，从而提高人们的福利水平。由此也引发了另外一系列争论，其中包括消费与幸福感的关系、一味追求物质财富会对地球造成何种伤害等。

技术是决定性因素吗？即便是技术乌托邦主义者也认为，技术渗透只能发生在一定的社会和经济背景之中。这一背景决定了应该发明什么以及发明成果能够多快得到应用。从历史上看，并非所有的发明都会得到广泛应用。技术发展史表明，在人类进入现代社会之前，技术进步的历程一直杂乱无章，并没有呈现出循序渐进的轨迹。例如，古代发明的自动机械装置（automata），也仅仅成为王公贵族们把玩的奇技淫巧，并未催生出广泛的技术进步。

在关于自动化的众多假说中，我们不得不提到技术决定论。它几乎成为当今所有关于自动化这个话题的基础，因此我们需要认真剖析这些假说所包含的各种观点。有人说，技术就像一辆狂奔的列车，一旦驶离车站，我们就无法驾驭，唯一能做的就是随机应变。这种说法对吗？其言外之意显然与“机器人将替代你的工作”如出一辙。

对此，托马斯·托泽（Thomas Tozer）提出了一种理论，旨在剖析人工智能是否可以真正复制人类的能力。与之相反，西蒙·科尔顿（Simon Colton）则认为，把人类与机器智能相比较本身就是荒唐之举，因为机器无须具备意识或人类的其他属性也能够实现智能化和创造性。

接下来，丹尼尔·苏斯金德（Daniel Susskind）和尼克·斯尔尼切克（Nick Srnicek）批判了在向自动化和数字经济转型过程中人们对各种变革的错误认识。苏斯金德认为，许多旧学说在评估什么工作可以被自动化时，其论断难以令人信服。尼克·斯尔尼切克试图纠正人们对于平台经济存在的两个严重认识误区。首先，认为优步（Uber）的商业模式可以成为其他经济领域的范本这一观点过于简单化，鼓吹“平台资本主义”能够给就业带来希望或者刻意渲染其威胁都言过其实。其次，人工智能确实会对经济和就业构成威胁，但原因并非自动化本身，而是由于人工智能带来的自动化会进一步助长业已存在于平台经济中的垄断趋势。总之，那些有关自动化及工作未来的草率预判都经不住推敲。

根据研讨会主办方的安排，凯茜·奥尼尔（Cathy O’Neil）从道德角度阐述了人工智能对工作的影响。她援引了法律领域的三个实例来说明盲目使用算法解决方案所导致的道德危害。其中特别严重的一种危害是，依赖算法的决策模式可以自我强化，随着它们对现实的影响不断反馈，最终形成闭环，并创造出一个属于自己的“现实”。

最后，哪些措施可能有助于消除自动化变革造成的不良后果？当然，我们对变革的反应不仅取决于后果本身，也基于我们认为什么才是“好的结果”。大卫·格雷伯（David Graeber）和瑞秋·凯伊（Rachel Kay）都赞同自动化有利于减少人类的工作量这一观点，而伊姆加德·努布勒（Irmgard Nübler）则更关心如何减少技术性失业并保持就业增长。

大卫·格雷伯认为，凯恩斯关于未来会发生技术性失业的预言实际上已经应验，但我们无意中通过创造出数百万个新的就业岗位，最终弥补了那些消失的工作。他建议给予民众一种基本的收入保障，切断生计与工作之间的关联，从而使人们可以抛弃那些毫无意义的垃圾工作。

瑞秋·凯伊则另辟蹊径，她集中讨论了关于减少工作时间的各种观点。她指出，英国工人的工作时间比其他欧洲国家更长但生产效率更低。她还以德国、法国和荷兰为例，对英国提出了相关改进建议。

伊姆加德·努布勒分析了各种创新和市场力量对就业水平造成的影响，同时她还对如何驾驭这些力量去创造更多的就业机会提出了建议。她表示，政府一方面应当积极培养工作者的劳动技能，帮助他们适应新技术；另一方面还需要通过再分配政策以确保生产率提高所增加的收益能够被更加合理地分享。

上述探讨各抒己见，由此表明不仅未来的世界变幻莫测，我们对工作未来的期许也大相径庭。诚然，应对人工智能技术在经济和道德方面业已存在的各种隐患就足以令我们手忙脚乱，但我们仍需要了解自己在追求一个什么样的未来。

我们希望本书将有助于大家对上述话题展开辩论。

# 目　录

# VI.

## 人工智能与道德和法律



# VII.

## 政策建议

1

The Future of Work

# 工作的未来

□ 罗伯特·斯基德尔斯基［伦敦全球研究中心］

**作者简介：**罗伯特·斯基德尔斯基（Robert Skidelsky）是英国华威大学政治经济学名誉教授，也是享誉世界的传记作家。他撰写的三卷本《凯恩斯传》（*John Maynard Keynes, 1883-1946*）先后于1983年、1992年、2000年出版，并获得了五项大奖。他关于金融危机的著作《凯恩斯：大师归来》（*Keynes: The Return of the Master*）于2010年9月出版。他于1991年成为英国上议院议员（中立议员席位），1994年当选为英国皇家学院院士。2012年，他与儿子爱德华合著了《挣多少才算够：金钱迷恋与美好生活实例》（*How Much is Enough? The Love of Money and the Case for the Good Life*）。他还是《20世纪的英国：成功的故事？》（*Britain in the 20th Century: A Success?*）的作者和《凯恩斯著作精选》（*The Essential Keynes*）的编辑。他曾录制了一系列关于经济学史和哲学的讲座，并将其作为一门开放式的在线课程，与新经济思维研究所（New Economic Thinking）联合推出。他的著作《货币与政府：主流经济学面临的挑战》（*Money and Government: A Challenge to Mainstream Economics*）于2018年出版。

雅恩·帕托什卡（Jan Patočka）在《历史哲学中的异端文论》（*Heretical Essays in the Philosophy of History*）中写道：如果一个社会鼓励颓废的生活，并“沉溺于本质上不人道的生活”，那么这个社会就是颓废的。受这一观点的启发，我想在此探讨技术对人类状况的影响，特别是对工作的影响。技术是否使人类在肉体上和精神上都成为冗余——无论是作为财富的生产者还是思想的创造者。

为了对这个问题作出乐观的回答，我想到了经济学家约翰·梅纳德·凯恩斯先生。他在1930年发表的一篇文章《我们子孙后代的经济前景》（Economic Possibilities for Our Grandchildren）中认为，技术进步产生如此多的额外财富，在大约100年甚至更短的时间内，我们就能够将工作时间减少到每周15小时，或者每天3小时。但他也警告说，这个过程不可能一帆风顺。

> 我们正在遭受一种新的疾病……即技术性失业。这意味着失业的原因在于我们不断创造出可以节省劳力的手段，却又未能及时给那些冗余的劳动力找到新的用武之地。但这只是一种暂时性的失调。所有这些都意味着，从长远来看人类正在解决自身面临的经济问题。
>
> ——摘自罗伯特·斯基德尔斯基主编的《凯恩斯著作精选》（*John Maynard Keynes: The Essential Keynes*）

自从机械成为工业生产的一个活跃组成部分，人口冗余要么被视为一种希望，要么被当作一种威胁。前者一直是经济学中的主流叙事，人口冗余被视为一个过渡性问题，仅限于特定的工人群体，比如19世纪初英国的手摇织布机纺织工。随着时间的推移，一部分被机器替代的劳动力将被新的工作岗位所吸纳，其中很多工作将因生产力提高而变得更加轻松。

然而，人们始终担心大部分劳动力有朝一日会被永久性替代——被迫从安身立命的工作中离职。原因在于，人类的工作岗位被机器夺走这一趋势不仅显而易见，而且近在咫尺；但机器带来的好处却间接且滞后。换句话说，机器造成的威胁迫在眉睫，而希望却遥遥无期。

对裁员的恐惧有两种根源：第一种是人们害怕机器会夺走他们的生计；第二种是机器会湮灭他们的人生目标。社会学家强调，工作的重要性在于赋予一个人存在的意义；而经济学家则认为，工作纯粹就是一种工具，其作用是让人们最终能够购买自己想要的东西。如果工作可以由机器完成，那就再好不过了。机器可以把人从劳动中解放出来，使他们能够有更多时间去追求更有价值的东西。

毫不奇怪，每当技术创新爆发时，人们就会对裁员感到恐惧。当前，随着自动化的普及，我们就正在经历这样一个时期。新闻标题告诉人们，机器人正以前所未有的速度吞噬人类的就业岗位——如今的工作中将有高达30%的岗位会在未来20年左右的时间内实现自动化。工作本身也会变得越来越不稳定。因此，回答那个一直困扰人们的老问题已经刻不容缓：机器究竟 是一种威胁抑或是一种希望?

## 历史上的工作

西方关于工作的概念始于古代人们“对工作的鄙视”——工作意味着苟且偷生。在希腊人心目中，美好的生活在于投身政治；而罗马人则把修身养性视为高尚的生活。这种理想生活的前提是让奴隶承担所有我们称为工作的事情。亚里士多德曾说过：奴隶就是工具，而且天生就是工具。然而，他似乎也预感到，总有一天机械工具将会取代人类工具。

尽管奴隶制的余孽在所有贵族社会中一直阴魂不散，但古代社会对工作的蔑视随着奴隶制的衰亡而逐步消失。这不仅解释了凯恩斯时代精英们（所有这些人都受过古典教育）为何对休闲趋之若鹜，也解释了普罗大众对休闲理想的敌意。这种敌意不仅针对富人们的懒惰，同时还与劳动者失业有关。芝加哥学派认为，失业是一种“变相的休闲”。这反映出经济学家们的傲慢无知，因为他们一辈子从未经历过片刻的失业之痛。

对于犹太—基督教（Judeo-Christianity）而言，工作背后的故事就要复杂得多。他们认为，工作是一种“原始诅咒”（primal curse），是上帝对亚当偷吃禁果这一原罪的惩罚；但他们同时宣称，在上帝赐予的大地上辛勤耕作并收获果实也是人类的神圣使命。确切地说，上帝的惩罚不是让人必须工作，而是让工作变得更加痛苦。人类学常常从“原始富足”（original affluence）的观念来解读圣经故事：狩猎采集者需要周围的各种东西，而造物就为他们提供了一切所需。狩猎其实算不上工作。首次载入人类历史的工作是农业——“如果你想吃面包，那你就必须汗流满面”（《创世纪》第3章第19节）。修道院经济的基本准则就是“祈祷和工作”（*ora et labora*）。

前现代经济的生产单位是家庭而不是工厂：工作和生活难分彼此，劳动分工仅限于家庭内部。与古代不同的是，中世纪开始重视手艺或“制作能力”。中世纪的经济由村庄和小镇里的“工厂”组成。这些小镇比村庄的规模稍微大一些。各行各业都起源于由城镇熟练工所组成的行会。就像亚当·斯密的铁针厂一样，每个工人都必须熟练掌握生产流程的全部环节，而不能只懂某一道工序。工作的性质迫使他们成为“多面手”。承揽各种活计也增加了人们的收入来源。“包出制”（putting out system）使农闲季节的农民可以挣到一些收入（“包出制”也叫“家庭包工制”，盛行于17世纪的欧洲，是指雇主将原材料交给农村的手工匠人在家制作为成品，并在收货后付给他们一定的报酬——译者注）。

社会和政治结构一向等级森严：每个人都有自己的位置，并按照分工获得相应的报酬。宗教为尘世苦难提供了慰藉。那时人们还没有意识到后来经济学家一再强调的“人类贪得无厌的天性”。在中世纪晚期，贸易开始在欧洲和其他地区扩张，但它还不是经济生活的重心。临时性和常态化的人口冗余依然如故——但原因在于农业歉收、战争或瘟疫，而不是因为来自机器的竞争。

随着启蒙运动兴起，工作的理念不再是顺应自然，而是要战胜自然，自此以后的欧洲历史都被人类的这种雄心所主导——在科学的帮助下，人们将参与一项能够解放全人类而不只是让少数富豪权贵坐享其成的宏伟计划。这意味着未来的工作可以创造出一个民主的世界。

在整个18世纪，最激荡人心的社会进步莫过于财富增长。亚当·斯密写道："生产的结束就意味着消费的开始。"商品越多，人们的幸福感就越强。这项新的人类计划刺激了发明。财富累积对机器的需求大量增加，因为单靠人类自身的工作只能从地球上掠取有限的产品。工业革命深刻地改变了人与工作的关系——机器取代了匠人，工厂取代了家庭作坊。我们终于进入了一个由资本主义、经济学家和经济动机主宰一切的时代（参阅理查德·唐金《工作的历史》、安德丽娅·康罗希《工作千年史》）。

## 经济学家与机器

事实上，将工作视为追求享受的必要手段，意味着工作本身并非一种享受。经济学家的观点完全否认了这种想法——劳动天经地义就是一件令人心满意足的事情。他们认为，工作不是诅咒，而是一种代价——为消费而付出的代价，因为没有工作就意味着没钱购物。列宁曾经直言不讳地指出："谁不工作，谁就别想吃饭！"

基于同样的道理，通过使用机器来降低人们追求消费所付出的代价，这无疑开辟了一个光明的未来：使用机器意味着以更少的代价生产更多的商品从而可以挣到更多的钱。增添和改进机器设备，不仅是为了将来更好地消费，同时也否认了劳动本身就是一件愉快的事情。正因为如此，经济学家对机器时代的曙光无不额手称庆。

大卫·李嘉图（David Ricardo）在1817年版《政治经济学及赋税原理》（*Principles of Political Economy and Taxation*, 1817）中解释说：

在雇用同样数量劳动力的情况下，如果对机器施以改进，袜子的产量可以增加三倍，而市场需求量却只增加了一倍。如此一来，部分劳动力必然会从制袜行业中退出。但由于雇佣他们的资本依然存在，资本家出于利益考虑，必然还会继续利用这些劳动力来扩大生产。在我看来，那些下岗的制袜工人将会转而生产对社会有用且不可或缺的其他商品。因为我始终对亚当·斯密观察到的真相深信不疑：每个人对食物的欲望都是有限的，因为人的胃容量有限；但人们对提高住房、服装、用具及家具的便利性和装饰性的追求却是无限的。在我看来，对劳动力的需求将一如既往，劳动力价格也不会降低。我想劳动者也会和其他阶层一样，因为机器的使用而享受到更多物美价廉的商品。

长期以来，李嘉图学说中有两个观点被创新经济学奉为圭臬。其一，基于工资灵活性、地域流动性以及技能可转让性的假设，将供给（资本和劳动力）视为具有可塑性或流动性的要素。比如，制袜工可以轻而易举地被塑造成善于生产小物件的劳动力。换言之，从技术上来讲劳动力具有同质性。其二，认为人类贪得无厌是推动财富增长的主要动力。莱昂内尔·罗宾斯（Lionel Robbins）在《经济科学的性质和意义》（*The Nature and Significance of Economic Science*）中给经济学作出了一个著名的定义——经济学就是一门把人类行为当成“目的与具有替代用途的稀缺手段之间的关系”来进行研究的科学。

事实上，李嘉图对经济学的定义有异于罗宾斯。然而，在1821年面世的第三版《政治经济学及赋税原理》中，李嘉图的立场却发生了些许变化。这一时期卢德运动风起云涌，英国社会动荡不安。众所周知，卢德派（Luddites）是一群英国纺织工，他们在工业革命初期摧毁了工厂的机器——大型针织机和动力织布机。这场轰轰烈烈的运动后来遭到军队的残酷镇压。尽管伟大诗人拜伦勋爵在上议院发表了慷慨激昂的演说为他们辩护，但这场运动的领导人最终不是被绞死就是被流放到蛮荒的澳大利亚。

正统的经济理论认为，卢德派的观念从经济学角度来看简直就是愚昧无知。但在1821年版《政治经济学及赋税原理》中，李嘉图增加了一篇题为《论机械》的文章作为第31章。这篇文章显然深受约翰·巴顿（John Barton）——一位如今籍籍无名的经济学家——著作的影响。在《论影响社会劳动阶级生存状况的环境》（*Observations on the Circumstances which Influence the Conditions of the Labouring Classes of Society*）一书中，巴顿认为，资本家可以将其利润投资于新的机器设备，也可以雇用更多的劳动力。这一观点表明了巴顿对劳动力与资本之间的替代原理具有清醒认识，不失为一种超越时代的思想观念。

李嘉图实际上接受了巴顿的观点。《政治经济学及赋税原理》第31章的两个结论一直被学界争论不休。第一，李嘉图声明：工人阶级普遍认为使用机器通常会损害他们的利益，这种观点并非出于偏见和误解，而是符合正确的政治经济原理。第二，李嘉图认为如下观点在某种程度上无可厚非：使用机器“必然会减少对劳动力的需求，人口也会随之过剩，劳动阶级的境遇将因此变得贫困潦倒”。正是由于这种“机器将导致人口冗余”的观念作祟，如今许多人对机器人时代的来临充满恐惧。

李嘉图认为，人口冗余并非难以避免。利润提高可以增加储蓄，从而促进投资，而投资增加反过来又会带动更多的就业。这意味着“一部分最初失业的人随后将被重新雇用”；换言之，由于储蓄增加，社会生产总量如果仍跟从前一样，那么未必就会出现人口冗余。李嘉图并不主张放缓机械化的步伐，“因为如果不允许资本利用机器在本国赚取最大的利润，它就会转移到国外，这肯定会大幅减少本国的就业岗位，其弊端将远远超过对机器的广泛使用”。

有趣的是，李嘉图反对放缓机械化步伐的观点在最近一份关于美国未来工作前景的报告中得到了呼应。美国外交关系委员会2018年在题为《工作的未来：机器、技能和美国的领导力》（*Independent Task Force Report No.76 on 'The Work Ahead: Machines, Skills, and US Leadership'*）的报告中指出：如果不设法遏制科技下滑的势头，美国将失去其“最优秀国家”的光环。

## 后续争论

我们不妨再简单回顾一下李嘉图之后发生的经济学论战。论战的焦点主要是关于补偿的概念。一方面，被机器替代的工人不仅会丧失生计，甚至之前工作曾经带给他们的满足感也将荡然无存；但另一方面，他们也可以从增加的消费中得到补偿，同时还能够因为商品及服务需求上升而获得新的就业机会。

经济学家将创新划分为“流程创新”和“产品创新”：前者能够节省劳动力，提高生产率；后者可以推出新产品或改进产品质量——最终将增加对劳动力的需求。正是通过产品创新，失业率有望避免上升。但围绕这种说法的争论却从未平息。

后李嘉图时代的讨论主要针对各种可以用于防止人口冗余的补偿方式：

1.（机器生产）增加的利润可以带来额外的储蓄并转化为更多的投资。

2. 价格普遍下降（也就是李嘉图所说的，流程创新和企业之间的竞争有助于拉低物价）将增加对产品的需求，从而促进产品创新并通过新的生产线创造更多的就业。

3. 初期的技术性失业会导致工资下降，但工资下降反过来也会增加对劳动力的需求，并诱导资本重新转向劳动密集型生产方式。工资调节理论（theory of wage adjustment）仍然是当代“局部与总体均衡模型”（partial and general equilibrium model）的重要组成部分。

这些补偿能多快发挥作用，关键取决于资本和劳动力在不同行业及不同地区之间的流动性。采用节省劳力的技术最初会降低失业工人的消费。除非及时推出相应的就业措施，持续走弱的生产将因总需求下降而陷入泥潭，最终导致失业率进一步上升。凯恩斯革命（Keynesian Revolution）的本质就是否定存在于上述假设中所谓的平衡机制及其快速响应能力。

不仅如此，即使需求对供给的调节滞后只是一种短期现象，一系列节时省力的创新也会因其立竿见影的后果而造成长期失业的增加。此外，价格调节机制要发挥作用还有赖于市场的充分竞争。在一个由寡头垄断体制主导的社会，企业节省的成本最后不一定会转换化为较低的产品价格。

由于应对技术冲击的调节机制收效缓慢，如今很多人认同这样的观点：自动化的好处是长期的，但会在“过渡时期”助长“劳动力冗余”。不过，正如麦肯锡最近的一份报告所揭示的那样，假如这种过渡期持续数十年，那么工人们对这一套补偿理论嗤之以鼻也就不足为奇了。

我们知道，马克思曾经指出，无论从短期来看还是就长期而言，这样的补偿过程都毫无用处。对工人来说，马克思描述的就是一个结局悲惨的故事——至少在资本主义制度下是如此。在竞争的刺激下，个别企业被迫将其利润尽可能多地投资于可以节省劳动力——亦即减少成本——的设备。但是，机械化程度的提高并不会使所有资本家利益均沾。正如约瑟夫·熊彼特（Joseph Alois Schumpeter）在其《经济分析史》（*History of Economics Analysis*）中所言，最先采用新机器的资本家可以凭借“在不断下降的平均成本曲线上急速俯冲”而赢得暂时的优势，并在此过程中消灭弱势企业。但是，随着新技术的逐步传播，竞争将很快消除所有暂时的超额利润。由此可见，保持利润率的问题并没有解决，只是暂时被推迟而已。

马克思所设想的因果顺序是：竞争可以促进机械化，而机械化又会抑制平均利润率（因为企业只能从人而不是机器上榨取剩余价值），保持利润率就需要储备一支庞大的“失业后备部队”——李嘉图所称的“冗余人口”。正因为如此，马克思才能够写出“机械化将把工人抛弃在人行道上”这样的警句。马克思主义者眼中的失业，本质上就是技术所导致的失业。虽然“失业后备部队”可以暂时被高度繁荣的经济所消纳，但其长期后果却是导致贫困程度不断上升。因此，对马克思来说，尽管机械化有可能在短期内创造出一派狂热的繁荣景象，但它最终将以长期衰退作为代价。这种因果顺序与正统经济学的说法完全背道而驰。

巴顿和马克思都特别强调技术变革的分配效应，这也成为经济学家们热衷于讨论的话题。创新可以是节省劳动力、节省资本或完全“中性”，这取决于创新对资本家和劳动力之间收入分配的影响。约翰·希克斯（John Hicks）在《工资理论》（*Theory of Wages*）一书中提出了“诱导性创新”（induced innovation）的概念：当工人要求上涨工资并威胁到企业的利润率时，就会诱使雇主用资本来替代劳动力。大多数当代理论分析都将自动化视为一种外部冲击，而忘记了自动化进程是由劳动力与资本的相对成本变化所驱动的。

以上就是对一场复杂的技术性辩论所做的简要概述。可以说，经济理论并没有明确回答技术进步对就业的最终影响。我们可以得出的最佳结论就是：技术对工作岗位的影响不仅取决于流程和产品创新、需求状态以及竞争程度等因素之间的平衡，同时还取决于资本与劳动力之间的较量以及人力资本的潜力。

## 历史教训

历史向我们昭示了什么？卢德派关于他们本行业——手工纺织行业——的看法无疑是正确的。虽然纺纱在工厂里面已经实现机械化，但直到19世纪初席卷欧洲的拿破仑战争结束时，在家里工作的纺织工依然主要使用手摇纺织机。换句话说，他们仍然坚守自己的生产方式，当时纺织业的工资很高，因为这个行业需要娴熟的手艺。直到19世纪40年代初，纺织行业的动力织布机数量才超过了手摇织布机。

动力织布机的引进产生了三个主要结果：一是将织布工序集中到工厂；二是导致手摇织布机被替代；三是打破了工人过去的工资水平。动力织布机广泛替代手工劳动，使手工织布工的收入从1800年的每周23先令下降到了1830年的每周6先令。对此，经济学家纳索·西尼尔（Nassau Senior）给出的建议是“离开那个行当”。事实也的确如此：随着动力织布机的广泛使用，1829—1860年一共有24万个手工织布岗位从英国消失。

如果从更广阔的视野来看又是什么情况呢？

1800—1915年，欧洲（不包含俄罗斯帝国）的人口从1.52亿增长到3.15亿。1890—1915年移民潮时期，大约4000万人离开欧洲前往人烟稀少的“新世界”。当时如果没有这样的富余人口“出口通道”，欧洲在19世纪也许真的会出现某种程度上的人口冗余。

机器带来的额外财富也使工人的“自愿退休”成为可能。早期的经济学家只顾研究稀缺性而忽视了这一可能性。从18世纪中叶开始，工作时间从每周60~70小时的峰值下降到1914年的大约55小时，并在整个20世纪持续下降。其原因是工人们可以从日益提高的收入中拿出一部分用于更多的休闲。最初，人们为了追求消费，只能通过增加工作时间以获取更多的收入；一旦人们衣食无忧之后，工作的干劲也随之松懈。实际上，这样的情况似乎已经发生。

总的来看，在各种机制的作用下，19世纪并未出现大范围的人口冗余。机械化使经济能够在人口翻番的情况下确保人们的实际收入维持在较高水准。尽管人口大幅增加，但劳动力成本占国内生产总值（GDP）的份额在整个工业化时代（Industrial Age，特指1881—1935年这半个世纪）始终保持稳定。一定程度的人口冗余反映在移民数量上，但更多地则是表现为因工作时间减少而导致的“自愿退休”。经济学家有理由认为，从长期而言，机械化对工作意义和质量所带来的伤害以及给工人生活境遇造成的冲击，可以通过大量增加的物质享受给予补偿。总体而言，“马尔萨斯灾难说”（Malthusian bogey）基本上已被彻底摒弃——至少在西方是这样。悲观的经济学从此变成了一门乐观的科学（托马斯·罗伯特·马尔萨斯在他1798年出版的《人口论》中预言：人口增长一旦超越食物供应，势必导致人均食物占有量减少，羸弱者将因饥饿而毙命——译者注）。

## 与当今社会的相关性

长期以来，我们见证了机械化革命的突飞猛进。近年来最引人注目的科技进步就是自动化技术和数字经济，它们正在推动传统的机械化更进一步渗透到人类劳动的世界。所谓当局者迷，我们很难认清眼前发生的巨变，但历史和理论可以提供一些借鉴。

自动化引发的理论总结在某些方面不同于早期人们对机械化的反应。它可以归纳成一个“互补”的概念。这一观点认为，虽然自动化的作用之一是用机器取代部分工人——就像自动驾驶车辆那样，但其更大的作用是提高人类与机器互为补充或携手工作的能力。因此，新的生产流程最好就是人机搭配——同时发挥人力和机器在劳动中的优势。人们津津乐道的例子就是国际象棋比赛。一台先进的计算机可以打败一位最优秀的人类棋手；但是如果最先进的计算机与最优秀的棋手联袂上阵，就能打败另一台最先进的计算机。人类将继续为机器“赋能”。他们没有必要和机器赛跑，因为这是一场注定要输的比赛。他们应该与机器携手同行，共同奔向一个更加辉煌的未来。我们不难看出，这一理论用供给侧理念取代了旧的需求侧补偿概念，其背后的逻辑在于机器对人力资本开发所具有的刺激效果。

但构成上述乐观理论的两个概念——补偿与互补（compensations and complements）——明显存在瑕疵。补偿理论的主要缺陷是，它错误地认为传统工作赋予的生活意义可以通过消费品流量的增加而得到充分补偿——这是典型的经济学观点。互补理论的瑕疵在于它高估了人类的能力。我们没有理由相信，人的思维能力总体上还能够与机器的思维能力同步提升。只有少数人能够在知识经济中与机器赛跑，而大部分人将被机器“甩在后面”。这些人会怎么样呢？实际上，“落伍”症状以及人们对这些症状的反应已经随处可见：就业朝不保夕，经济停滞不前，工资不断下降，针对自动化及其幕后推手——全球化——的民粹主义抗议此起彼伏。即便这些病症只是劳动力被机器替代所产生的暂时后果，就连乐观主义者自己也承认，过渡期可能会持续几十年。

因此，认为自动化这类供给侧冲击会自动触发令人满意的补偿性需求或者互补性供给回应，这样的想法在我看来纯属痴人说梦。回应当然会有，但它们很可能具有高度的破坏性甚至毁灭性。有鉴于此，政策必须努力使变革速度与人类社会的承受能力相匹配。这些政策包括：减缓自动化的发展速度和扩散幅度，确保其物质成果得到公平分配，保持足够的需求水平；考虑到机器人技术大量使用后对工资水平的打压和对工作岗位的替代，还应当制定收入保障政策以抵消就业市场日益严重的不稳定性。

在我看来，这似乎就是政策所能发挥的最大作用。然而，这些都未能解答帕托什卡的追问：在一个由非人类按照非人道逻辑来治理（即便它不是有意为之）的世界里，人类如何才能安居乐业？

## 参考文献


- Barton, J. (1817). *Observations on the Circumstances Which Influence the Conditions of the Labouring Classes of Society*. London: John and Arthur Arch, Cornhill.
- Council of Foreign Relations. (2018, April). *Independent Task Force Report No.76 on 'The Work Ahead: Machines, Skills, and US Leadership'*.
- Hicks, J. (1932). *Theory of Wages*. London: Macmillan.
- Patočka, J. (1975). *Heretical Essays in the Philosophy of History*. Chicago: OpenCourt. (1999 ed.).
- Ricardo, D. (1817). *Principles of Political Economy and Taxation* (D. Winch, Ed.,3rd ed., 1973). London: John Murray.
- Robbins, L. (1932). *The Nature and Significance of Economic Science*. New York: Macmillan and Co. (2nd ed., 1952).
- Schumpeter, J. (1954). *History of Economic Analysis*. New York, Abingdon and Oxon: Routledge.
- Skidelsky, R. (Ed.). (2015). *John Maynard Keynes: The Essential Keynes*. London: Penguin Classics.

# I.

# 历史上的工作

2

Patterns and Types of Work in the Past: Part 1

# 过去的工作模式和类型（上）

□ 理查德·唐金［伦敦卡斯商学院］

**作者简介：**理查德·唐金（Richard Donkin）是英国伦敦卡斯商学院的客座研究员，也是一位专门研究工作及管理的作家和评论员。他曾是英国《金融时报》的专栏作家和撰稿人，并在帕尔格雷夫·麦克米伦公司出版过两本专著——《工作的历史》（*The History of Work*）和《工作的未来》（*The Future of Work*）。

对于那些追寻历史发展脉络的史学家而言，试图评价工作及其社会意义和演化过程无疑是一项特殊的挑战，因为他们既要解释各种事件的前因后果，又要洞悉它们之间的相互联系。

工作堪称社会变革的一种转换器，它的影响有时几乎难以察觉。根据某些定义，工作就是社会变革的直接催化剂。我们可以把风、火、水这三种元素在塑造人类环境方面所产生的作用视为“工作”，也可以将所有生物为建立相互联系而进行的活动称为“工作”——无论这种联系是相互依存还是彼此竞争。不过，在人类历史长河中，工作的作用就是促进社会发展和繁荣。每逢帝国兴衰更迭，工作都会成为社会浴火重生的助产士。从这个意义上说，工作是人类改善生活境遇的根本依托。

正因为如此，工作的概念可谓见仁见智、因人而异。工作可以像我们每个具体的人一样千差万别，具有很大的可塑性：或广义或狭义，或艰巨或轻松，或愉快或痛苦，或有偿或无偿。我们经常根据自己的理解来定义工作，有时把它视为一种快乐；但更多的时候是赞同《圣经》中的遗训——视工作为一种辛劳，就像上帝命令亚当那样“汗流满面地劳作”。

在绘制人类工作演绎图时，我们必须深入研究人类“家谱”的根系，解释我们祖先在远古时期创造之物的用途。

例如，在坦桑尼亚奥杜瓦伊峡谷（Olduvai Gorge），考古学家发现了具有200万年历史的石器。我们通常认为这些工具是用来加工食品的，但它们是否还能充当武器？如果是，哪个用途排在首位？在电影《2001太空漫游》（*2001: A Space Odyssey*）中，导演斯坦利·库布里克（Stanley Kubrick）探讨了人类的暴力倾向，并认为刀剑的出现很可能早于犁铧。

不管这些工具制造者的脑子里如何考虑——我们应该承认，在有文字记载之前，人类就开始相互杀戮——工具和武器对于狩猎采集者来说都是不可或缺的随身装备。这些狩猎采集者所确立的生活方式，实际上在人类历史上的主导时间最为漫长。

直到人类历史的近期，为了适应定居生活和社会扩张，我们才组织起其他形式的工作。1966年在芝加哥举办的一场研讨会，曾专门讨论理查德·李（Richard Lee）对卡拉哈里丛林人（Kalahari bushmen）所进行的人类学研究。马歇尔·萨林斯（Marshall Sahlins）是李的同辈，他在《论原始富足社会》（*Notes on the Original Affluent Society*）一文中把狩猎采集生活描述为“原始富足社会”。

在英国，我们也有一些史前工业的实例。比如，远古人类在坎布里亚（Cumbria）开采蓝色石头用于制造斧头，后来考古学家又在东安格利亚（East Anglia）的格林墓场（Grime’s Graves）燧石矿中发现了同样的斧头。这些石斧不仅是工业的证据，同样也是贸易的见证。

在英国西萨塞克斯郡的博克斯格罗夫（Boxgrove），考古学家发掘出一个大约50万年前的遗址，那是一群原始人屠宰分食一匹野马的场景。当时遗址上的悬崖突然坍塌，令那一场景瞬间遭到尘封——留下的燧石制作场面如此清晰，以至于在废墟中都能依稀看出有个人盘腿而坐正在打磨燧石。我们不知道他们屠宰的马是否为利器所杀，或者是他们在野外捡拾到的马匹尸体，但我们知道他们拥有了不起的技能。现代燧石工匠已经确认，打造一件燧石工具时人的脑子里至少需要提前思考六个步骤。鉴于一名现代国际象棋大师落子前通常也只能预判后面的六步棋，托马斯·霍布斯（Thomas Hobbes，17世纪英国政治家、哲学家）是否还有理由将史前狩猎采集者描述为"粗鄙、野蛮和矮小"的人类？据我们今天掌握的情况，他必须承认，无论史前社会生活多么严酷，某些原始人类的工作模式已经达到了一个非常高的水平。

我在撰写《工作的历史》（*The History of Work*）时，就曾试图回答每个工作者都在思索的问题——我们为什么要工作？我曾经去澳大利亚昆士兰州约克角半岛的一个原住民部落旅行。有人告诉我，约尔·约隆特部落（Yir Yoront）的语言中根本就没有"工作"这个词。事实上，他们倒是有一个与"work"发音相近的单词叫"woq"，意思是"日常杂务"。但这个词从不用来表示他们的主要生计——狩猎，因为狩猎是这些部落居民的乐趣所在，而非一项辛苦谋生的"工作"。

在人类历史长河中，工作的定义从"有助于实现某个目标的事情"，逐步转变成了一个更为现代的定义——"能不做则不做的事情"。在过去两个世纪里，各种节省劳力的新技术层出不穷，工作的定义怎么还会发生这种转变？20世纪初美国经济学家索尔斯坦·凡勃伦（Thorstein Veblen）关于休闲社会的学说在某种程度上遭到亚当·斯密、马克思和凯恩斯理论的碾压。工作就好像蛋白质，与其他资源相互作用，滋养着我们这个似乎贪得无厌、肆意增长的经济。人类罔顾地球和其他物种的安宁，这样的趋势终将使我们陷入危险的境地。

随着互联网技术通过“自组织平台”（Self-organised platform）——通常被统称为“优步化经济”（Uberisation Economy）和“零工经济”（Gig Economy，指越来越多的人从事非全职或兼职工作的经济和就业形态）——不断改变我们的工作模式，人们似乎渴望更好地了解我们的过去，并从中寻找可以引导我们进入一个可持续未来的线索。

当代研究的一个重要对象是那些在历史上某个关键时期建立的定居点和城镇——它们标志着人类从狩猎采集社会向能够实现粮食富余的农业社会转变，而农业社会又需要依照会计、规划和管理等项目进行专业化分工，从而更加精细地组织各项工作。土耳其格贝克利·特佩（Gobekli Tepe）和恰塔霍裕克（Catalhoyuk）等遗址留下的证据表明，人们之所以希望从狩猎采集（其中主要工作是狩猎活动）转向日复一日、汗流浃背的铺路建房工作，主要是受精神需要的驱动。对此，我们还可以从许多宗教仪式中找到一些最古老的证据。

耶鲁大学政治与人类学教授詹姆斯·斯科特（James C. Scott）曾对地中海东部黎凡特（Levant）地区新月沃土（Fertile Crescent）一带进行了深入考察——这里被普遍视为1万年前农业革命的发祥地。他将研究的重点一步步向东推移，至底格里斯河（Tigris）和幼发拉底河（Euphrates）流域之间的美索不达米亚平原（Mesopotamia）。研究表明，在农业革命之前的3000年里，新的城镇不断出现，但常常又在一段时间后荒废，似乎人们一直在努力寻找一个足以安身立命的定居中心。正如斯科特在《反对谷物：最古老国家的悠久历史》（*Against the Grain: A Deep History of the Earliest States*）一书中所言：如果没有必要的“社会之锚”，人们似乎就会随时准备远走他乡。

斯科特对挑战国家权力的无政府主义社会十分着迷。今天，我们也在见证一场方兴未艾的“脱网生活运动”（movement for living off grid），人们选择追求一种简约的生活方式——减少网络互联，远离耗费资源的电网。虽然目前这场运动声势很小，但它的影响力正在全球互联网受众中持续放大。

历史迈入近代后，宗教在工作模式的形成过程中发挥了极其重要的作用。如今在资本主义社会备受赞誉的新教徒工作道德（protestant work ethic），早在维多利亚时代的思想家就曾提及并定义。如托马斯·卡莱尔（Thomas Carlyle）就写过“工作的圣坛”（Altar of Work），认为“工作即福音”。19世纪英国著名的道德学家塞缪尔·斯迈尔斯（Samuel Smiles）深受卡莱尔影响，他的著作《自助》（*Self-Help*）与美国政治家本杰明·富兰克林（Benjamin Franklin）《穷人理查德年鉴》（*Poor Richard's Almanack*）中备受推崇的美国清教徒理想遥相呼应。书中洋溢着自强不息的精神（“用自己的鞋带把自己拉起来”）和依靠勤劳白手起家之后的喜悦，充分体现出一种积极向上的工作态度，对作为西方民主核心的精英主义理想（meritocratic ideal）产生了重大影响。

纵观工作的历史，我们不能忽视技术的作用。工作和技术在流程行进中相互结合。斯科特认为，火是人类早期的一种工具。但在我看来，火并不是工具，而是一种像风和水一样可以被人类驾驭并为人类造福的元素。我们不清楚人类的祖先什么时候开始使用火，但我们知道的是，他们在20万年前甚至更早就认识到火的潜力。几乎可以肯定的是，他们最初使用源于大自然的火种，然后才逐步学会利用自己手中的其他资源“制造”火。

火的使用经历了一个动态的历史变化，它甚至堪称人类进化中标志着人与动物相区分的定义性变化。一旦能够驾驭火，人类就可以逐步改善生活状况，从而加快进化过程。一个关键的进步就是用火烹饪食物，这有助于扩大人类的活动范围，其意义可能不及两足直立行走或对生拇指这样的身体特征进化，但已经足以进一步扩大人类较其他物种的优势。

这些元素再次成为后来社会革命的关键。推动纺织机运转的流水是引发工业革命的动力，而火和水产生的蒸汽促使这一进程变得更远更快。这一时期涌现的技术如此之多，以至于人们很容易忘记它们是承前启后、循序渐进的。这些技术创新几乎都由社会需求和明确的意图所驱动。纺织机最初是为了提供给那些在家工作的纺织匠人自用。随着后来纺织厂的出现，那些家庭纺织工的生计立刻受到冲击。

在整个变化过程中，组织和招募劳动力已不再墨守成规。人们更喜欢半农业或工匠式的生活方式。但纺织厂也为工匠们提供了在家创收的机会。

一旦没了自然状态的工作，早期的工厂主——比如18世纪英国德比郡克伦福德纺织厂（Cromford Mills）创始人理查德·阿克莱特（Richard Arkwright）——就需要通过激励手段吸引工人进厂。但人们对工厂及其单调的轮班工作并无兴趣。于是这些企业家便四处打广告，宣称可以在工厂附近为工人提供住房、奶牛甚至牧场。对男性织工来说，这些承诺颇具吸引力。毕竟，让一些家庭成员比如孩子和妻子进纺织厂工作，可以增加家庭的辅助性收入。

工厂就业的大规模集中趋势逐步席卷发展中国家，对劳动力的组织和管理提出了新的要求。这些劳动力不能完全脱离人道主义原则——正是这一原则终结了曾经被普遍认可并广泛实行的奴隶制度。新的经济制度与工厂的工资激励机制为劳动力提供了新的工作出路，并从此颠覆了被奴隶主们视为天经地义的陈规陋习。

随着奴隶制的废除，众多具有组织意识的思想家和管理者纷纷登上历史舞台。如果单独从中挑选一个人难免会带有一定的主观性，因为这种思想就像浸润在其中的技术一样，是经历了源远流长、传承有序的进步后才结出的硕果。弗雷德里克·温斯洛·泰勒（Frederick Winslow Taylor，美国著名管理学家、经济学家，被后世称为“科学管理之父”。其管理思想被称为泰勒主义或泰勒制，如今在数字经济的背景下又演变出新版的“数字泰勒主义”——译者注）借助当时刚刚发明的可以持续计时超过一分钟的秒表，在对生产工人的时间与动作进行仔细研究后，提出了计件工资制的想法。如果没有秒表这项发明，或者他没有获得这样的瑞士产秒表，工业界可能就会等更久才能获得类似泰勒关于“时间与动作”（Time and Motion）这样的研究成果。这项研究把工作系统地分解为各个组成单元——此举就是泰勒所称的“科学管理”。若是孤立地看，泰勒的远见卓识所带来的收益相对有限。但当科学管理被亨利·福特（Henry Ford）的工程师应用于T型汽车的组装线设计后，福特汽车公司实现了令人惊叹的生产经济（production economy），并由此定义了消费社会。

由于成本与价格同时下降，令人耳目一新的福特T型汽车在投产第一年就为企业创造了巨额利润，使福特公司不仅能够给投资者大量分红，而且还能用一部分利润来提高员工的工资。福特员工每天的工资可以高达5美元，而当时汽车行业的平均工资大约是每周11美元。增加工资提升了工人阶级的购买力，中产阶级和管理阶层队伍不断壮大，最终导致了我们今天所熟知的物质社会。

然而，今天的社会正在与那些在20世纪的大部分时间里都行之有效的经济模式作斗争。来自全球化、人口激增、资源衰竭、气候变化和促进财富增长等方面的压力，已使经济不堪重负。

在我们的历史上，全世界出于自身利益而集体发出的拯救地球的呼声，第一次压倒了个人的欲望和野心。我们需要新的经济学和新的工作思维，不仅要摆脱新教教义中的清规戒律，同时也抛弃所谓的“垃圾工作”。也许我们应当更多地像狩猎采集者祖先那样看待身外之物——视“需要”胜过“想要”。

我们需要一种新的工作哲学：它既不是圣经中宣扬的“工作是对人类原罪的惩罚”，也不应该像新教徒那样视工作为高尚的美德。我们需要的工作应该与我们的生存环境有着相互促进的内在联系。我们必须对经济增长进行重新思考，弄清楚我们对物质的追求何时才是尽头。我们真的需要两套房、三辆车、每个房间都配备一台电视以及为了容纳不断积攒的物件而准备更多的储藏室吗？更何况处理我们生产制造和从世界各地获取的各种东西还要浪费大量的宝贵时间。如今，时间已经成为与物质财富同样（甚至更加）宝贵的东西。在此我不妨引用诗人W. H. 戴维斯（W. H. Davies）《闲暇》（*Leisure*）中的著名诗句："假如我们终日忧心忡忡/无暇驻足观赏周围的世界/这样的人生将有何意义？"

我们应将工作简单地定义为我们所做的每一件事，仅此而已，不多也不少。工作必须具有目的并且能够得到认可——这种认可不一定体现为报酬的高低，也可以是某种褒奖和来自别人的尊重。无论其价值体现在何处，工作都必须有目的性。我们全身心投入工作，其直接目的就是创造一个更加美好的世界、一个洁净的世界、一个可以确保子孙后代平安无虞的世界。大家应当立即行动起来，降低污染，清除我们给地球留下的污垢，避免过度索取，一切适可而止——这就是我们未来工作的聚焦之处。如果我们不这样做，那就意味着对人类文明的背叛。

## 参考文献


- Davies, W. H. (1911). Leisure. Reprinted in Garlick, R., & Mathias, R. (1984). *Anglo-Welsh Poetry, 1480–1980*. Bridgend, Mid Glamorgan: Poetry Wales Press.
- Donkin, R. (2010). *The History of Work*. Houndmills, Basingstoke, Hampshire: Palgrave Macmillan.
- Sahlins, M. (1968). Notes on the Original Affluent Society. In R. B. Lee & I. DeVore (Eds.), *Man the Hunter* (pp. 85–89). Chicago: Aldine.
- Scott, J. C. (2017). *Against the Grain: A Deep History of the Earliest States*. New Haven, CT and London: Yale University Press.

3

Patterns and Types of Work in the Past: Part 2

# 过去的工作模式和类型（下）

□ 理查德·塞内特［纽约大学和伦敦经济学院］

**作者简介：**理查德·塞内特（Richard Sennett）先后在芝加哥大学和哈佛大学接受教育，1969年获得博士学位，长期执教于纽约大学和伦敦经济学院，主讲社会学课程。在过去50年里，塞内特教授在城市社会生活、劳动力变化和社会理论等领域著述颇丰，先后获得了黑格尔奖、斯宾诺萨奖、剑桥大学荣誉博士学位和哈佛大学百年纪念奖章等众多荣誉。

手工艺看似与高科技格格不入，但一个显而易见的事实是，二者都关乎技术性工作，同时也都涉及工人的技能开发。

想象一下你自己身处17世纪意大利的斯特拉迪瓦里工作室。你在职业生涯中如何才能从一个年轻学徒成长为一名制琴大师？也许你会在掌握了一项技能之后，接着学习另一项技能，所有的进步都体现为技能方面的提升。事实上，这只是故事的一部分。在斯特拉迪瓦里工作室，只有当你遇到一个新的问题但仅凭以前的技能又无法解决时，你才有进步的机会。为了获得进步，你必须与未知的事物搏斗，并证明你能够应付面临的各种挑战。例如，清漆的颜色——这对所有弦乐器的涂层至关重要——很可能与清漆中亚麻油的含量有关联。一般来说，颜色越深，说明涂层越厚。但在调制小提琴清漆时，颜色深浅并不代表黏稠度高低。

与房屋油漆工处理简单的化学用品相比，调制小提琴清漆要复杂得多。学徒被推到一个更加精妙且毫无关联的问题面前，他需要重新思考液体的“厚重”与“稀薄”。如今，斯特拉迪瓦里工作室调制的清漆之所以很难复制，就是因为其配方变得越来越难以直观判断。

上述例子说明，技能并不是递进的。做成一件事并不能自动教会你做另一件事。要在复杂精细的涂漆工作中掌握如何上色，事实上需要领悟清漆黏稠度背后的奥秘：解决问题与发现问题之间存在的辩证关系。开发一种更为通用的技能诚然重要，但处理一个不可预见的问题或困难比应用现成的知识更加关键。正如那句老生常谈：技能转移有助于促进技能升级。

如果利用已有技能去研发新的技能，手与大脑之间会存在何种关系？在此不妨举一个现实中的例子。在哈佛大学的设计工作室，我们既使用计算机辅助设计软件（CAD），同时也离不开铅笔和纸张这类传统工具。最初人们都认为CAD——特别是我们所使用的那种相对比较高级的CAD——将取代手工绘图，大家需要做的事情就是在计算机屏幕上指指点点就可以立刻产生一个设计方案。但我们发现，在过去15年左右的时间里，通过计算机屏幕做出来的设计无论是趣味性还是创新性都不及手工绘图。我们不禁要问：这究竟是什么原因？

19世纪英国艺术评论家、维多利亚时代艺术趣味的代言人约翰·罗斯金（John Ruskin）曾经给出了一个传统答案：手工制作使匠人能够更加“有机地”触摸到自己的劳动过程。这个回答真是太浪漫了。我们曾与哈佛医学院的人一同工作了好几年，试图弄清为何手工绘制的作品比CAD设计的图案更具创新性。但他们的观点与我们正好相反。他们认为，手工绘图的难度很大，更为重要的是，绘图过程中手将如何移动存在不确定性，正是这些因素刺激了创新。此外，阻力和困难也一直在激发技能进步——我在这里所指的是一种富有想象力的技能。一些研究者比如弗兰克·威尔逊（Frank Wilson）等人试图在神经学上验证大脑与双手之间的联系，其结论是：人的双手不断向大脑“提出问题”。

由此可见，这件事既没有罗斯金式的浪漫情调，也不应像卢德派那样动辄砸机器泄愤。建筑设计师同时需要铅笔和CAD——铅笔用来思考，CAD用来执行。3D打印技术就是如此：用起来非常便捷，但也容易令人麻木。优秀的3D模型师通常从胶泥开始思考。实际的身体活动具有不确定性和开放性。正因为如此，这个胶泥模型也具有开放性。然后人们就可以借助模拟算法通过3D打印技术在屏幕上生成设计图像。

技艺尤其是手工技艺并不会被某种机械劳动所淘汰，我们必须对体力劳动与脑力劳动间的联系有更深刻的认识。这与目前许多人在谈论高科技时所说的“联系”并不是一个概念。他们在谈论“联系”时，只是把高科技假设为一个替代品，貌似你可以忽略身体并由此绕过工作中所遇到的困难或想象力问题。

接下来，我想发表一点关于“去技能化”（de-skill）方面的看法。在亚当·斯密关于劳动分工的论述中，他直观地认为，一台以某种方式组织起来的机器，可以使工人变得愚钝并最终“丧失技能”。他这一看法的关键之处是修饰语“以某种方式”。这涉及机器本身如何配置的问题。如果配置为高科技机器，那的确会使工人变得愚钝并丧失技能，最明显的例子是谷歌地图（Google Map）。它用预设的行程来替代人们的环境推理和地址记忆，因此与用户感知的信息毫无关联。那些令人愚钝的机器往往都被植入了“用户友好”的技术。你不用操心工具如何使用，也无须考虑在“用户友好”名义下这种高科技排除了哪些问题或可能性。你什么都不用管，因此也不需要动脑筋思考。

在我看来，劳动力面临的挑战是如何组织技术，使之成为自己的合作伙伴而不是替代者。目前，麻省理工学院的媒体实验室（Media Lab）正在试验用计算机进行假肢外科手术。与之相似，我们的设计实验室也在尝试采用像CAD或3D打印这样的技术手段为设计工作者提供更多的选择，从而避免用一个标准化的方案去替代所有的可能性。就像在斯特拉迪瓦里的工作室里一样，我们试图设计这样两台机器：它们之间的关系是互相挑战而不是彼此友好。

总而言之，我想说的是，在对劳动力进行重新思考时需要另辟蹊径——将物质的和感观的经验与内心的理解联系起来。这就意味着我们必须赶在机器彻底支配生产过程之前，尽快恢复工艺课程——这也是我对工艺的辩护。

4

# Patterns and Types of Work in the Past: Wageworker and Housewife from a Global Perspective: Birth, Variations and Limits of the Modern Couple

# 全球视角下的雇佣工人与家庭主妇：现代夫妻模式的诞生、变异与局限

□ 安德丽娅·康罗希［维也纳大学经济与社会史研究所］

**作者简介：** 安德丽娅·康罗希（Andrea Komlosy）是奥地利维也纳大学经济和社会历史研究所的教授，负责协调全球历史和全球研究项目。其研究涉及欧洲及全球范围内的劳工、移民、边界、区域发展失衡等内容。在历史学家科卡·于尔根和范·德·林登·马塞尔（Kocka Jürgen/van der Linden Marcel）共同主编的文集《资本主义：一个历史概念的复兴》（*Capitalism: The Re-Emergence of a Historical Concept*）中，康罗希贡献了论文《工作与劳资关系》（*Work and Labour Relations*）。2018年，康罗希出版了专著《工作千年史》（*Work: The Last 1000 Years*）。

现代夫妻模式由一个挣钱养家的丈夫和一个靠他挣钱养活的妻子构成。丈夫外出工作，妻子留在家里照顾家庭，如今看来这样的情形貌似虚构，不符合大多数家庭的现状。尽管如此，它仍然是一个成功的模式，不仅在西欧，而且在全世界都成为婚姻关系的原型。这种家庭模式在工业革命爆发之初应运而生，它对此前占统治地位的工作和生活模

式——家庭经济——构成了巨大冲击。

顾名思义，家庭经济就是以家庭为单位、由丈夫和妻子共同参与的经济活动。工作在家里进行，夫妻双方各司其职。家庭既包括贵族家庭也包括平民家庭。当时经常可以看到这样的情景：一对农民夫妇既要给市场和庄园主运送粮食，同时还要制作食品、修建住所、缝制衣物以及生产其他日常用品供家庭使用。也有这样的家庭：一对工匠夫妇都在家里从事某种手工职业（比如编织或金属加工），工匠师傅和他的学徒做手艺活，女主人则照料家务，为家里的亲属及非亲属提供住宿和食物。根据地点、时间和手艺的不同，劳动存在明确的性别分工：通常丈夫是整个家庭企业的主心骨，家庭成员包括儿童、未婚亲属、佣人、学徒或雇工。他们的产品不仅在市场出售，同时也供自己使用和消费；不论是女性还是男性，他们干的所有活都被视为工作。

在家庭经济向工厂经济转型的过程中，出现了形形色色的工作模式。它们在时间和地点上各有不同。在18世纪的西欧和中欧，随着工作场所迁移到远离住所的地方，新型的夫妻模式由此诞生。不过，这种模式有其渊源。有些行业——例如建筑业、道路和运输业——经常在离家很远的地方施工，迫使工人远离家庭。采矿通常要求工人去远离家庭的矿山上班，但没有人会认为这些家庭成员回家后所干的活不是一种工作。无论其目的是为家庭自用、市场出售还是挣取工资，这些劳动都属于工作。许多流动性行业还需要家庭成员之间的合作。从家庭作坊向外面的工作场所过渡，这一进程最初比较缓慢，只涉及部分行业和产品，而大多数工作仍植根于家庭内部。

为何现代夫妻模式在西方工业地区首次出现后并没有立即成为主流的家庭模式？其原因是多方面的。当时的家庭模式突变仅发生在某些产业的分支，比如纺纱和织布行业。这两个领域在18世纪和19世纪之交迅速出现了工厂、动力机器和薪酬制工作，而与此同时，英国经济的其他领域仍然以家庭为基础。随着这些产业分支的广泛延伸，新的夫妻模式也在逐步推广，尽管其发展速度在不同阶层、不同行业分支以及城乡之间大相径庭。

男性挣钱养家的思想观念源于工厂主们的资产阶级家庭。他们认为，自家的妻子不应再像手工家庭那样与丈夫一起从事专业工作。但是，她们在家中从事的工作——相夫教子、组织社交和监督佣人——不仅远远谈不上自由，甚至不再被视为工作。从此以后，只有有偿的劳作才被定义为工作。家务中的重活交给佣人们来做。佣人的地位也由此发生了变化：一方面，他们在资产阶级家庭中生活和工作，并成为其中的一部分；另一方面，他们面临着家庭服务的职业化，从而变成领取工资的工人。基于这些理由，“没有工作的家庭妇女”逐步形成了一种理所当然的幻觉。

追根溯源，现代夫妻模式这一现象最初发端于西欧和北美这两大工业化核心地区，并随着工业化进程不断蔓延。一个普遍的看法是，当工业化转型延伸到边缘地区和非欧洲世界时，现代夫妻模式就会替代传统家庭经济模式。我对这种扩散论深表怀疑。现代夫妻模式在历史上真的是一种普遍的模式吗？它究竟有没有蔓延到边缘地区？

我们可以观察到一个现象：工厂工作的出现与现代家庭模式流行之间存在一定的非同步性。现代家庭模式的发展并没有呈现出线性趋势。我们看到，面对新的家庭模式，那些亲属们同处一室的大家庭（family household）出现了彷徨、迟疑、退缩甚至抵制的情绪。农业和手工业家庭纷纷抵制来自工厂或经济作物的竞争，试图努力将家庭经济及其工作特点——夫妻共同经营——带入工厂或农工时代。在一些西欧国家，手工作坊和小农经济很快就被工厂和大农场所取代；而其他国家直到今天仍在进行抵制，我们甚至还在这些地方看到了家庭农业和手工作坊的复兴。由此可见，新旧工作模式之间不是替代关系，而是相互竞争、相互重叠、相互融合，从而发展成为新的混合模式，归纳起来主要有以下几种情形：

1. 男性上班挣钱养家，不上班的妻子打理家务，家里还另外雇人辅助做家务。

2. 疲于奔命的中产阶级家庭模式：丈夫的收入不足以雇佣外人，家务负担都压在家庭主妇的肩上。

3. 无产阶级家庭的真实写照：夫妻双方都需要上班挣钱。女性工资低于男性，因为女性的酬劳仅仅被视为一种额外的收入，而她的主要角色依然是家庭主妇和母亲。她同时肩负着在外上班挣钱和在内料理家务的双重任务。工人阶级家庭中的男人们通常在下班后还会做一些家务和其他营生。

4. 双重负担解释了为什么许多工人阶级妇女都在梦想只承担家庭主妇这一项职责，她们希望丈夫一人在外打拼，从而使全家过上中产阶级的生活。

5. 最后（但并非最不重要），农民和手工匠人家庭由于维持合作家庭经济模式，往往可以依靠额外的创收以补充主业收入。如果在居住的地方找不到工作，一些家庭成员就去外地充当临时或固定工人。他们要么通过汇款或回乡投资来巩固家庭经济，要么发挥桥梁作用，介绍更多的家庭成员加入迁徙打工链，并在新的工作地结婚成家，从而步入现代夫妻家庭模式。

以下各节将介绍“男人上班挣钱养家+女人既上班又料理家务”（breadwinner/wageworker-housewife couple）这种夫妻模式在世界各地的不同表现形式。这种模式发端于19世纪工业核心地区的中欧和下奥地利，具有阶级包容的特点。但后来这种模式的发展情况在大都市和殖民世界截然不同，后者的家庭经济要么顽强抵抗，要么被彻底摧毁，西方家庭模式并未在殖民世界得到复制。最后，我们将讨论19世纪下半叶后殖民世界在推行现代夫妻模式方面存在的局限性。

## 中欧工业核心：下奥地利

下奥地利地区环绕奥地利首都维也纳，是哈布斯堡王朝最发达的早期工业区之一，其工业生产和消费都处于很高的水平。当时令人印象最深的是，维也纳以南地区“跟英国工业区一样”，纺织工厂四处林立（Blumenbach，1834）。

从1800年第一家纺织厂建立，到1900年完整的工业格局形成，在一个世纪的时间里工厂工作迅速推广。我们对现代夫妻模式成为该地区主要家庭模式的相关条件进行了调研。这种现代夫妻模式首先出现在资产阶级工厂主家庭。工厂主除了一些商人协会和贵族资本家（其工厂一般由职业经理人管理），大多数工厂都为单个的家庭所有。由于供水条件良好，村庄被改造成厂区，其中通常包括厂房、工人住房、业主别墅，以及由工厂主或社区提供的商店、学校、酒吧或集会活动大厅。工厂主的家人往往在厂区和城市住宅（它们往往都处于城市高尚社区）打发时间。管家和其他家庭成员穿梭于城镇与工厂所在的乡村之间，从而使家庭主妇和佣人的家务劳动成倍增加。不言而喻，人们并没有把家庭主妇的工作视为一项职业，她受的教育也只针对一些需要展示的才艺。部分女性依靠赚钱有术的丈夫所提供的财力支持，一举成为社会名媛。

工人阶级家庭的状况则是千差万别。如果某些工人碰巧在他们做工的地方拥有房屋，他们就可以被归为半无产阶级——一边在外挣工资，一边做点生意或维持生计的小农活。从农户的角度看，从事挣工资的职业只是辅助家庭农业的一种手段，所有家庭成员都要为家庭农业贡献劳力，以应对农业综合企业（agro-business）和廉价农产品进口所带来的竞争压力。农民工通常不得不外出打工，充当农业劳动者、佣人、建筑工或工厂工人。只要工人能够每天或季节性时不时回家，他们仍然被视为大家庭的成员，跟其他人一样成为田间耕作的农民。一旦谁被排除在遗产权之外或放弃农村土地，他就会沦为一个无地工人。

与英格兰或苏格兰的工厂乡村（比如新拉纳克、索尔泰尔）一样，下奥地利地区早期的纺织厂开始从农村大量招募单身男子、妇女和儿童，并为在工厂工作和生活的男女工人分别修建了宿舍。工人们可以在那里获得（有偿的）住房、食物以及为童工提供的基础教育。恶劣的工作条件和沉重的生活负担，使很多工人不到30岁就命归黄泉，取而代之的是一批批新的年轻劳力。即使遭到一些资本家的反对，部分工厂主还是很快意识到工人需要家庭才能生存，因为单身的无产者难以繁育后代。因此，工厂主们建造了大量的工人之家——给普通工人的廉价公寓以及给熟练技工的简易独栋房。在19世纪80年代公共健康保险出现之前，工厂还向患病的工人提供基本医疗援助和社会支持。工人聚居区成为“薪酬工人+家庭主妇”（wageworker-housewife）夫妻模式的源头。妇女成天忙于繁重却没有报酬的家务——清理院子，做饭洗衣，缝补衣物。如果家里入不敷出，妻子还不得不额外找活以补贴家用。对于以家务为主业的妇女来说，低工资貌似有其合理性，因为外出挣工资对她们而言只是临时的额外工作。某些行业——如针织、钩花边或缝纫等——倾向于将活计外包给妇女在家里完成。这样一来，家庭主妇就更容易兼顾家务事和外包工作。无论是在偏远的农村地区还是在拥挤的城市郊区，这种在家工作的现象都很普遍，特别是在委托加工十分盛行的制衣和皮革行业。可想而知，这些既要打工挣钱又要照料家务的妇女特别渴望从心力交瘁的境遇中解放出来，她们希望步入中产阶级，依靠丈夫的工资来改善自己的处境。就技术工人而言，有时他们挣到的工资可以高到足以养活全家人，由此证明男人养家的模式也可以进入无产阶级家庭。然而，这并没有使家庭主妇摆脱辛苦乏味的劳作，特别是在社会进步导致家庭开支增加的情况下，家庭主妇不得不从事更多的非工资性劳作以弥补家庭用度的不足。

在奥地利社会民主党城市政府领导下的“红色维也纳”（Red Vienna），公共住宅建筑外的各种宣传画清楚表明，资产阶级的家庭观念已经渗透到劳工政党和工人运动中。从那些墙画、雕塑和浮雕中，你可以看到拖儿带女的母亲；与之相对照，男人们的形象则是建筑师或工人（1919—1934年，处于两次世界大战之间的维也纳在奥地利社会民主党领导下，对住房、教育、医疗等领域进行了一系列社会改革，旨在改善工人阶级和普通市民的生活条件。这些改革措施具有强烈的社会主义色彩，故人们将这一时期的维也纳称为“红色维也纳”。如今，以卡尔·马克思大院为标志的公共住宅仍被视为“红色维也纳”留下的政治遗产——译者注）。

我们从中下层家庭的情况可以清楚看到，家庭主妇终日被繁重的劳作折磨得精疲力竭，她们缺乏帮助、陪伴和认可。不仅如此，她们还要忍受双重的压力：一方面，她们的行为举止要像资产阶级的淑女；另一方面，她们又要亲自料理家务——而那些富裕中产阶级家庭的太太们则可以花钱雇人代劳。夫妻双方扮演的角色仍然没有摆脱男性挣钱养家的模式。即便丈夫工资微薄，他们也会滋生不依赖于妻子收入过活的自尊。婚姻法赋予丈夫决定妻子是否可以签订劳动合同的权力——而丈夫们也的确充分利用了这项权利。因此，即使获得解放的妻子希望出去工作挣钱，没有丈夫的同意也难以如愿。（就像丈夫们认为自己理当挣钱养家一样）大多数妇女都把自己的角色内化为家庭主妇和母亲，甘愿从事一份不被承认是工作的职业。当她们被问及是否有工作时，经典的答案是：“没有，我只是家庭主妇。”你今天仍然能听到这样的回答。由于这些家庭主妇希望遵循上流社会确立的时尚标准，过上附庸风雅的生活，她们不得不努力劳作，积攒财富和家产，竭力装扮出一副自己实际上难以负担的形象。她们督促孩子要表现优异以便将来出人头地，但这样的严苛往往会加剧夫妻之间以及母子之间的紧张关系。

自法国大革命以来，激进的女性和男性都对资产阶级的性别角色和男女之间的劳动分工提出了质疑；19世纪下半叶的女权运动在妇女权利和思想认识方面取得了进步。但直到经过20世纪60年代第二次女权主义浪潮的洗礼，西方社会才实现了法律上的男女平等；在国家社会主义的东欧，男女平等的理念扩大到工作权，妇女仅仅是家庭主妇的时代一去不复返。无论在东方还是西方，越来越多的妇女从事有报酬的职业，“男人挣工资+女人做家务”这样的夫妻模式从此失去了立足之地。然而，这样的事实并未彻底改变：女性的基本责任在于家庭事务，而男人的主要工作在于职业和事业。因此，许多妇女只从事兼职工作。没有报酬的家务劳动依然被排斥在工作和价值创造之外。当有报酬的正规工作体系让位于灵活却有失稳定、有偿和无偿劳动混为一体的新工作体系后，工作的现代概念就开始变得模糊不清了。

## 殖民地印度

18世纪之前，印度各邦和地区长期位居世界最先进的工业区之列。保罗·贝罗什（Paul Bairoch）《世界工业化水平：1750—1980年》（International Industrialization Levels from 1750 to 1980）一文中的历史统计资料显示，1750 年印度的工业产值占到全世界的24.5%。我们千万不要以为这些工业产值来自工厂，它们源自商人通过委托加工制度让农村家庭承包的纱线、白坯布、染色布或印花布的生产。早在17世纪，英国东印度公司就融入了印度当地的商品供应链，将印度纺织品出口到欧洲、非洲和美洲。对生活水平的比较研究表明，印度农村纺织品生产商的生活相当富足。因为自给自足农业模式下的农村手工艺人生活成本不高，工资也相当低，其产品很有竞争力。进入18世纪后，英国出于自身的利益，逐步从进口纺织成品改为进口原棉和其他原材料，然后在英国本土工厂加工生产。与此相适应，印度纺织行业的生产商也很快转变为半成品经济作物供应商。那些具有地方特色和独特行业地位、按照专业和性别进行劳动分工的家庭经济对此强烈抵制。即使英国和其他西欧国家从 17 世纪开始逐步关闭本国市场大门，不再进口印度印花布，印度的家庭经济仍然坚守自己的传统生产模式。斯文·贝克特（Sven Beckert）在其著作《棉花帝国》（*The Empire of Cotton: A Global History*）中描述了英国如何千方百计要把印度变成一个原棉供应国（从1757年开始，英国在印度的利益就由东印度公司代理）。但这一企图并没有成功，因为印度的农民手工家庭根本不想放弃其形式多样、农工一体的经济模式。

在加勒比地区和美国南方，扩大棉花种植规模要容易得多，因为那里的奴隶缺乏抵制的手段，而且美洲原住民的抵抗还遭到了驱离和镇压。正因为如此，欧洲工厂主在18世纪与19世纪之交便开始把目光转向美洲大陆。

印度经济的突出特点是农业与家庭工业、自给自足与市场交易融为一体，要打破这种经济模式就需要一套更为复杂的程序。当印度的纺织成品因为保护主义关税壁垒而被英国市场拒之门外后，国内新的税收制度又迫使印度农民去适应英国的要求。在孟加拉国，涉及“公司地位”的《永久性解决法案》（*Permenant Settlment Act*，1794）不仅照搬西方的产权关系，而且还引入了土地税制度，旨在逼迫那些苦苦挣扎的农民放弃家庭混合经济，转而以专业化方式种植鸦片、棉花和靛蓝之类的经济作物。然而，这些政策却造成了一场饥荒，数百万人深受其害。许多食不果腹的农民被迫迁移到阿萨姆邦或大吉岭的茶叶种植园，甚至漂洋过海来到加勒比海、太平洋和印度洋地区英国人开办的种植园。为了避免种植园劳力不足，英国在这些地方相继颁布了禁止贩卖奴隶（1807年）以及在殖民地废除奴隶制（1833年）的命令。这些种植园到处都可以见到所谓的印度“苦力”（coolie），他们主要是年轻的男性工人。这些人名义上是自由的，但实际上却被雇主的长期契约绑在了庄园——他们必须在庄园干活直到偿清远道而来的路费。跟奴隶种植园一样，苦力种植园也依靠单身男子，他们只有在契约到期后才能成家立户，这就导致英国殖民地的印度人颠沛流离。一旦某些成功的印度苦力能够率先自己经商办企业，他们就会采取家庭经济模式，主要依靠家庭工作和家族纽带从事经营。

印度纺织业被逐出全球市场，导致其工业产出急剧下降。在英国统治下，印度对纺织品的需求只能通过从英国进口来满足（它们都是西式纺织品），而日常的服装则来自家庭经济模式下的本地小作坊。除了古吉拉特邦、孟加拉地区、马德拉斯等地，印度的大部分地区直到20世纪才出现工厂。因此，从西方引入的“男人挣工资+女人照料家务”的夫妻模式主要体现在殖民地的管理者家庭。这些家庭都属于印度城市中产阶层，他们已经适应了西方的生活方式。当地手工作坊只能依靠廉价的劳动力供应来抵御西方进口商品所带来的竞争压力。然而，跟18世纪相比，这些手工作坊的产值已微不足道。印度在全球工业产值中的占比从1750年的24.5%，下降到1860年的8.6%以及1900年的1.7%（Bairoch，1982）。

由此可见，除了殖民政府管理人员家庭，“男人挣工资+女人照料家务”的现代夫妻模式在殖民统治下的印度并无立足之地。相反，任何单独或协力对家庭生计有所贡献的活动都被视为有价值的工作。挣工资的工人要兼顾家里的农活，家庭主妇也必须纺织。那些不能自食其力的人只好离家到种植园当工人，或者去铁路、港口以及其他城市基础设施工地务工——在英国人的统治下，这些行业在印度欣欣向荣。所有这些部门都会依据出生、血统和职业界线将各种工作严格地划分为三六九等。

正如麦克·曼恩（Michael Mann）在《印度历史》（*Geschichte Indiens*）中所指出的：在英国人的统治下，这种等级划分进一步固化为僵硬的社会秩序（Mann，2005）。种姓制所包含的尊卑关系虽然反映了印度社会的等级秩序，但它并没有对市场活动和非市场活动进行切割。

## 家庭、夫妻、单身以及复合家庭

综上所述，历史上两个著名的纺织业地区——下奥地利和印度——呈现的情况截然不同。下奥地利成为现代夫妻模式的发源地之一。不过，它在阶层、产业分支和区域分布方面存在很大的差异。以"男人挣钱养家+女人照料家务"为标志的现代夫妻模式其实只是一种理想化的结构，并未成为实际可行的家庭模式。在现实社会中，家庭模式必定会因势而变。当妇女在20世纪从事有薪酬的职业后，那种"男人挣钱养家+女人照料家务"的夫妻模式就逐步让位于"夫妻共同挣钱养家+妻子兼顾家务"（double breadwinner-one housewife）的家庭模式。

与下奥地利相比，殖民地印度幅员辽阔，社会复杂多元，其家庭模式很难一概而论。尽管如此，我们仍可以断定西方现代家庭模式并未成为印度社会的主流。统计数据表明，依靠家庭经济生产出口商品的印度经济几乎土崩瓦解。但印度的家庭经济并没有让位于方兴未艾的现代家庭模式——"男人挣钱养家+女人照料家务"，而是另辟蹊径以适应新的社会形势。如果不能保留原有的生产资料——土地、农舍、作坊和设备，他们就会转变为收入集中支配的大家庭模式（income pooling household）予以应对。这种应变方式不仅发生在印度，而且也在全球其他偏远地区得到普遍采用。

在"全球南方国家"（the global South，指发展中国家或第三世界国家），现代夫妻模式已经偃旗息鼓，它仅仅对后殖民地上层和中上层阶级产生了一定的吸引力。他们复制了由欧洲实业家、自由职业者以及享有特权的私人或国家雇员所倡导的模式：家里的男主人和主妇都不用做家务，这些事全部交由佣人来完成。如今，世界上无论是旧富还是新贵，大家都共同雇用独立的专业服务人员来打理他们的豪宅。从巴西到德里，只有少数的中产阶级夫妇还生活在核心家庭（nuclear family，指一对夫妻加上子女的小家庭）模式中，他们双方都从事有报酬的职业，并且没有专门雇人照料家务。

“全球南方国家”的中下阶层主要采用收入集中支配的大家庭生活模式。在许多情况下，这些家庭具有跨区域特点：部分家庭成员在农村种地，另一部分成员在当地城镇的工厂、行政机构或非正规经济部门工作，还有一些家庭成员在国外打工。这些描述只勾勒出一个原型，实际上每个家庭都有自己独特的生活模式，职业和责任随着生命周期的变化而变化。在此过程中，单身家庭成员往往会无所适从，他们不再向共同的大家庭贡献自己的收入。在理想状态下，这样的大家庭往往会拥有若干个挣钱养家的人，其成员包括挣工资的工人、农民、海外移民、家庭主妇和家庭主夫，另外还有一些做小工或从事非正式活动的成员。但没有一对夫妻仅仅把自己绑定在挣工资的工作或者家务劳动上。

无论是夫妻模式家庭还是跨地区的家庭都面临着时代的侵蚀：单身化和个性化的趋势正在影响着各种各样的家庭，离婚率日益上升，收入集中支配的大家庭因贫困和移民而各奔东西。未来将是一幅什么样的景象？

以农业、制造业和社会再生产为基础的复杂家庭模式——它们从前工业化和前殖民时期就一直存在——大势已去。由于这样的家庭结构具有家长制和等级制的痼疾，我们也不希望它们卷土重来。然而，我们在取代复杂大家庭的同时，如何才能解决现代社会中核心家庭存在的性别和工作角色问题？

未来的创造性工作与生活模式或许可以借鉴家庭经济对工作的包容态度——其中既有商业化、互惠互利的活动，同时也不要忘记有偿工作在资助公共开支方面所作出的财务贡献。不言而喻，这样的模式需要对人们一生中的薪酬工作、家务劳动和护理工作、公共工作以及学习培训进行重新布局，使每个人都应该并且有义务参加上述的所有活动。就像前现代大家庭一样，我们应当从更广泛的角度去理解未来的家庭：其成员既包括亲属也包括非亲属，同时还要消除在行为、教育、职业和公共角色等方面存在的重男轻女现象。

在商业化部门，社区企业可以对家庭企业提供支持甚至予以取代，并通过不同形式实现自我管理、共同工作和共同生活，同时还要顾及老少成员的不同需求和偏好。合作的主要目的是促进邻里之间和区域之间的商品流动——当然，如果有意愿的话，也可辅之以跨区域合作。较之核心家庭，社区企业更有吸引力的重要原因在于它大力倡导人文关怀和社会工作。这同样有助于将护理、社会活动和休闲纳入商业企业的日常工作安排之中。

如何以互惠互利的方式实现上述合作，取决于商业化部门的组织模式。重新定义商业利润与社会责任之间的关系，将有助于商业化的私营或公有企业开展一些基础性的互惠活动。许多活动应该远离金钱，遵循社会道德和礼尚往来的原则。这些活动可以安排在家族和家庭内部进行，也可以延伸到邻里之间和网络当中。

关于未来工作与生活模式的各种新概念已在本书其他章节得到更详细的阐述。这里我只想提醒一句：我们在塑造未来工作的过程中一定要善于借鉴过去的理念。

## 参考文献

- Bairoch, P. (1982). International Industrialization Levels from 1750 to 1980. *The Journal of European Economic History, 11*(2), 269–334.
- Beckert, S. (2014). *The Empire of Cotton. A Global History*. New York: Alfred Knopf.
- Komlosy, A. (2010). Austria and Czechoslovakia. In L. H. van Voss, E. Hiemstra, & E. van Nederveen Meerkerk (Eds.), *The Ashgate Companion to the History of Textile Workers, 1650–2000* (pp. 43–73). Farnham: Ashgate.
- Komlosy, A. (2018). *Work: The Last 1000 Years*. London and New York: Verso.
- Mann, M. (2005). *Geschichte Indiens. Vom 18. bis zum 21. Jahrhundert*. Paderborn: Schoingh.

# II.

# 对工作的态度

- 工作态度与工作的未来：来自经济学的观点
- 工作态度的演变
- 作为一种义务的工作

5

# Attitudes to Work and the Future of Work: The View from Economics

# 工作态度与工作的未来：来自经济学的观点

□ 大卫·斯宾塞［利兹大学商学院］

**作者简介：** 大卫·斯宾塞（David A. Spencer）是英国利兹大学商学院经济系主任、经济学与政治经济教授，其学术重点在于从经济学范畴对工作进行研究。斯宾塞在政治经济和经济思想史方面富有见地。

## 序言

对一个人而言，工作就是一种义务，没有工作就意味着没有谋生的手段。这是一件迫不得已的事情，是我们大多数人都无法逃避的活动。在资本主义社会，工作就是收入的保障。从这个意义上来说，为工资而劳动不是一种可有可无的选择，而是由资本主义社会盛行的工作制度所强加的义务。就像死亡和税负一样，无论我们喜欢与否，工作都是我们必须面对的事情。

不过，工作虽然是无法逃避的无奈之举，但它对我们人类也具有重要作用。它塑造了我们今天的模样，并且还将决定我们未来的发展方向。人类就是由其自身造就的——就像他们制造的产品和提供的服务一样。工作可以创造施展技能的机会，促进积极的社会互动，提升个人成就，从而改善人类的生活质量。同样，它也可能损害人类的福祉和健康，从而成为一件有辱人格和使人异化的事情。社会之所以谴责血汗工厂，不仅因为它们压低工资，还因为它们的工作条件令人窒息、损人寿命。捍卫工人的权利表明我们对工作有着更深层次的要求，即工作必须符合人性。

在这一章中，我将从经济学角度对工作进行研究分析。我将展示经济学如何仅仅把工作视为一种手段，它虽然考虑过工作对福利的影响，但同时也把工作描绘成一件“坏事”。经济学家们认为，工作是人们出于外在原因不得已而为之的，因此人们一有机会就会逃避工作。我将把这样的描述与非主流或异端经济思想中的不同工作观加以对比——后者认识到工作本身的潜在好处，并思索在工作中赋予人类生活意义的可能性。我还将批判性地思考如何以经济学角度研究自动化革命和工作的未来。我的结论是，工作经济学需要彻底改写，否则就难以认清工作的性质——无论是现在的工作，还是未来的工作。

## 工作被视为一件“坏事”

关于工作，经济学中始终流行着一种特殊的观念，这种观念经久不衰，在时间的长河中一成不变。它把工作与不愉快的活动联系起来。用经济学的语言来说，工作是一种“负效用”（disutility），是深受人类抵制和厌恶的苦役杂务。他们认为，只有在收入的诱惑下人们才会去工作；离开这种诱惑，任何人都不会去工作。

将工作视为“坏事”的观点在经济思想史上经历了不同的发展阶段。

第一种观点来自早期的古典经济学。这种观点认为，工作本质上是一件痛苦的事情。亚当·斯密认为，无论什么工作，它们都毫无例外地充满“艰辛与烦恼”。与所有其他古典经济学家一样，在亚当·斯密眼里，工作活动只会给人类带来不快；仅仅是因为可以增加收入，人类才去从事工作。工作造成的烦恼痛苦与不工作状态下的安逸闲适形成了鲜明对照。

第二种观点来自新古典经济学。这种观点强调工作导致人们错失了休闲的机会。这一观点后来在经济学教科书中成为了主流。它认为，工作之所以受到抵制，不是因为它造成了痛苦，而是因为它剥夺了人们的休闲机会。新古典主义经济学家认为，人们可以在休闲时获得效用（utility），只有在得到工资作为补偿的情况下才会放弃休闲时间。这种观点不考虑工作的直接代价，而是在解释人们对工作的抵触情绪时强调工作时间的机会成本。

第三种观点是从雇佣机构的经济分析演变而来的，它认为工人是“懒汉”和不可救药的“骗子”（Jensen & Meckling，1976；Williamson，1985）。工人之所以抵制工作，并不是因为他们觉得工作本身很痛苦或者因为他们喜欢休闲，而是因为他们与生俱来就有一种逃避工作的渴望。因为工人固有的懒惰，所以雇主有理由采取正向激励、严密监视、等级制度以及威胁终止合同等措施来强制工人工作。这种观点认为，雇主必须恩威兼施，哄骗和强迫工人工作。

以上三种观点都令人质疑。第一种观点错误地认为工作负担是预先注定的，也是不可改变的——但并未说明工人如何因为不满雇佣机构的组织方式而抵制工作。诚然，亚当·斯密承认并谴责了重复性工作的非人道影响。他尤其担心工人会因为千篇一律地重复做一项工作而丧失智力。但与此同时，他又给了人们这样一种印象：如果没有详细分工，工作成本就会大幅上升。以成本为推脱，古典经济学掩盖了问题的根源在于工作的组织方式。此外，亚当·斯密和其他古典经济学家一样，未能进一步探讨如何才能把工作变成快乐的源泉。按照古典经济学的说法，为了追求更快的经济增长和更高的生活水平，工作的痛苦是可以容忍的。

源于新古典经济学的第二种观点未能触及工人在工作时的生活问题。工作决定被简化为两种商品——收入与休闲——之间的简单取舍。在他们的眼里，工作仅仅是挣钱的手段。这套理论丝毫不关心人们如何被他们从事的工作所塑造。新古典经济学家忽视了这样一个事实，那就是工人可以为了工作本身而接受工作或在工作过程中忍辱负重。他们同样没有意识到，雇主有能力改善工作质量并使工人能够从工作本身获益。

第三种观点错误地暗示，工人们好逸恶劳是造成劳资冲突的主要原因。抵制工作被视为工人骨子里的因素，而不是工作组织方式的问题。持有这种观点的人没有看到雇主如何因为自己的行为造成劳资冲突，也无视工人因为暴露在恶劣和压抑的环境中而产生对工作的抵制情绪。更糟糕的是，这种观点笼罩着一层意识形态的阴影，它将工人作为谴责对象，并将雇主描绘成采取“合理机制”以防止工人偷懒的仁慈者。在这里，所谓的“经济理论中性说”不攻自破。

上述三种观点都把工作视为“坏事”，其背后均暗含着“经济人（hommo economicus）就是游手好闲的懒汉”这一假设。它们认为，所有人都渴望过上没有工作的生活。经济学教科书中描述的工人的天堂就是一种穷奢极欲的休闲生活，在那里可以不劳而获、消费无度。这种观点不仅信口雌黄（它对工作的质量问题只字不提），而且也对人类在生产活动方面的诉求一无所知。有鉴于此，我们必须超越传统的经济学，才能从更广泛的意义上理解工作活动及其对人类福祉的影响。

## 工作也许是件“好事”

非正统经济学也对工作的概念贡献了各种学说。在这里，我将专门讨论两个关键的贡献——卡尔·马克思（Karl Marx）和索尔斯坦·凡勃伦（Thorstein Veblen）关于工作的学说。这些学说提醒我们不仅要重新思考工作本身，而且还要关注人性和人类进步的目标。

在马克思的名著《1844年经济学哲学手稿》（*The Economic and Philosophic Manuscripts of 1844*）中，工作不仅仅被视为一种谋生方式，同时也是一种潜在的解放人性和使人快乐的活动。马克思将工作描述为“人类本质属性”（species being）的一部分。英国学者肖恩·塞耶斯（Sean Sayers）在《为什么要工作：马克思主义与人性》（*Why Work? Marxism and Human Nature*）一文中指出，通过工作，人类可以展示自身创造力并实现自我（Sayers，2005）。工作本身就具有意义和重要性，它可以促进人类发展，使之成为具有创造性的物种。因此，人类的任务就是创造条件，确保工作圆满完成。

然而，在强调工作潜藏着积极因素的同时，马克思也指出了资本主义制度下工作的异化问题。工作是资本主义社会的一种强迫性活动，工人工作是因为需要挣工资。挣工资的劳动者因为雇佣关系而被剥夺了权利，在工作时不得不听从资本家发号施令。工人把工作视为一种纯粹的工具性活动，这一事实充分证明了资本主义制度下的工作具有异化特征。工人们逃避工作并不是因为他们懒惰，而是因为他们要反抗雇佣劳动的桎梏。马克思强调，在资本主义条件下，抵制工作具有特定的意义——也就是说，抵制工作并不具有普适性，而是与资本主义就业关系核心中的权利失衡有关。

然而，“异化劳动”（alienated labour）问题并非不能解决。一旦跨越资本主义，人类就可以实现一种非异化的工作形式。对马克思来说，工作可以而且应该被改造为一种积极的活动。这就意味着必须爆发一场社会革命并最终实现共产主义。在未来的共产主义社会中，一方面通过技术应用来减少工作时间，另一方面通过公有制形式使工作如同业余活动一样令人享受。

凡勃伦的观点则截然不同。他在1898年发表的论文《工匠本能与劳动厌恶》（*The Instinct of Workmanship and the Irksomeness of Labor*）中认为，人类不是天生的懒汉，而是具有“工匠本能”的创造者。为了反驳新古典主义的“经济人假说”，凡勃伦展示了人类如何热衷于高效且富有技能的工作。对工作的执着使人类不断进步，而未来的进步也将取决于人们持续追求“有益的工作”。

可以肯定的是，社会上将始终存在对工作的抵制。但这种抵制不是针对工作本身所包含的代价，而是受到了“金钱文化”的影响，这种文化把赚钱和花钱放在了首位。凡勃伦不禁哀叹，社会中金钱至上的价值观已经把人类的“工匠本能”消磨殆尽。特别是资本主义所崇尚的赚钱价值观，使社会上形成了一种厌恶工作的氛围，而这种厌恶最终导致生产性活动的价值荡然无存。

在凡勃伦看来，有必要挑战资本主义社会崇尚的金钱文化。凡勃伦没有像马克思那样宣扬共产主义，而是阐述了为什么应该创造一种新的经济社会环境——这种环境可以更充分地实现人类的“工匠本能”。虽然凡勃伦语焉不详，但他看出了技术职业（尤其是工程师）在创造美丽新世界过程中可以发挥关键作用——在这个世界中，工作的价值就在于工作本身，而不仅仅是它带来的金钱（Layton，1962）。

马克思和凡勃伦的观点对经济学以外的研究产生了更大的影响。虽然他们直接批判了传统工作经济学，但经济学家却对他们的观点视而不见。如此一来，尽管视工作为“坏事”的狭隘工作观谬误百出，但它至今仍在经济学中根深蒂固。

在此，我们可以从马克思和凡勃伦相互抵牾的观点中归纳出三个关键的见解。第一，工作本身就是一种潜在的奖励。工作并不是无休止的苦差事，而是具有令人振奋的潜力。在这里，我们不仅要驳斥那种工人先天厌恶工作的观点，而且要强调工作在满足人类对创造性活动需求方面的重要性。第二，强调工作代价的特异性。工人之所以抵制工作，是由于他们生活和工作的社会经济条件所迫。如上文所述，马克思关注的焦点是资本主义社会存在的异化问题，而凡勃伦则更关注人们厌恶工作及其背后的文化因素。第三，强调如何才能消除工作的痛苦。在这里，我们面临着两个相互矛盾的道路选择——凡勃伦工作观中所设想的“工程师苏维埃”与马克思所宣扬的共产主义社会。然而，无论站在什么立场，他们都强调要重拾工作的意义，并创造条件使人们有可能也有必要在工作中幸福生活。下面我们要进一步讨论的是，提高工作质量的目的与探讨自动化革命和工作的未来密切相关。

## 自动化值得期待吗?

大规模自动化的可能性及其引发工作岗位消失这个话题已经讨论了多年（Mokyr, Vickers & Zierbarth，2015）。人们对于机器取代人类并导致失业率上升的前景忧心忡忡，对未来就业岗位稀缺以及贫困水平攀升的恐惧加剧了类似卢德派那样的焦虑。但与之相反，也有许多人始终期待自动化革命能给人类创造一个更加美好的未来，人类从中可以获得更大的自由。事实上，正如安德烈·格尔茨（Andre Gorz）在《通往天堂之路：从工作中解放出来》（*Paths to Paradise: On the Liberation from Work*）一书中所表达的那样，许多人一直将自动化奉为一条通往“超级后工作社会”（superior post-work society）的必由之路。

由于许多预测显示自动化将导致大量失业，人们对自动化前景的担忧与期待如今再度处于风口浪尖。他们认为，机器学习和人工智能的发展，将导致无数岗位上的工作者被机器取代。悲观主义者一如既往地担心我们的社会将难以适应一个没有工作的世界（Ford，2015）。与此同时，乐观主义者则秉承马克思当年的愿景，积极拥抱“彻底的自动化”，期待实现一个无须工作却能肆意挥霍的社会（Srnicek &

Williams，2015）。

这里有两个主题值得讨论。第一个主题涉及经济学在上述辩论中的主张。从经济学的角度来看，自动化在某些方面敲响了警钟。一方面，有人认为自动化将创造新的就业岗位，从而抵消那些因技术进步而失去的就业机会（Autor，2015）。经济理论告诉我们，技术可以降低产品价格、增加现有产品的数量和提高实际收入，新的工作岗位也将随之产生。另一方面，即使出现工作岗位净流失，前景仍然值得乐观，因为人们可以调整劳动力供应，以适应工作岗位减少的局面。由此可见，不管劳动力供应如何调整，都不能认为工人会因工作岗位减少而遭受侵害；相反，应该看到他们因此有机会得以按自己的偏好“选择”更多的休闲。

上述观点显然不能自圆其说，最明显的问题在于“自由选择”的假设，它听起来好像工人可以在工作和休闲之间随心所欲分配时间。但这种假设只不过是经济学捏造的一个谎言。在现实世界中，工人面临的选择是不得不工作。即使工资再低、工作条件再差，工人也必须工作。如果以为工人在自动化面前可以表现出“乐见其成”的态度，那无异于在粉饰太平。

乐观派的另一个问题在于，他们认为工作岗位减少不会对工人造成损害。假设工人们可以在工作减少的同时确保收入不降低，那么工作越少他们就越受益。但这种假设忽视了工作减少本身所造成的代价。现在有一份著名的文献证实，失业者遭受的惩罚并非仅仅来自金钱上的损失——失业的损失将进一步扩大，最终导致工人丧失施展宝贵技能和进行社会互动的机会（Clark & Oswald，1994）。这份文献指出，人们珍视工作是出于工作本身的原因，而丢失工作岗位则会带来心理上和社会上的创伤。由于经济学家们始终坚持工作是件“坏事”的观点，他们当然会忽略上述工作岗位减少所导致的损失，进而低估自动化对社会福利的潜在伤害。

下面要讨论的第二个主题涉及自动化的目的。在经济学中，自动化的目的是减少工作，增加休闲——其最终理想是创造一种境界，让人们可以不用工作也能够随心所欲地消费。这种观点同样是基于“工作无用，休闲至上”的论调。然而，这种推理没有考虑到的是，自动化不仅有助于增加空闲时间，而且还能够创造出更多令人身心愉悦的活动——其中也包括工作。

许多争论都集中在自动化如何引领人们在工作之外获得更大的自由。特别是凯恩斯，他把自动化视为减少工作时间的一种捷径。他在1930年发表的论文《我们子孙后代的经济前景》中认为：再过100年我们就可以实现每周工作15小时的目标（Skidelsky, R., & Skidelsky, E., 2012）。与标准的经济学理论如出一辙，凯恩斯也认为工作是一件“负效用”的事情。在这种情况下，应当鼓励自动化，因为它可以为人们提供更多的闲暇来从事自己心仪的活动。由此可见，自动化的目的就是要尽量使人类免受工作“负效用”的影响。

凯恩斯与新古典主义经济学家的不同之处在于，他看到了休闲对于创造性活动的潜在好处。他反对新古典经济学把休闲视为一种被动的、以消费为中心的活动。相反，他更看重休闲所包含的创造性内容。在一个无工作可做的未来社会，这种创造性将成为伟大艺术和美丽社会的源泉。令凯恩斯担心的反倒是人类需要很长时间才能戒掉工作的习惯，因此工作减少所产生的全部潜力只能逐步挖掘。

然而，凯恩斯并未触及提高工作质量这个问题。他没有看到，随着技术应用水平的提高，工作将不再是一件苦差事，工作的价值也随之体现。就此而言，通过自动化来减少工作也就相当于提高工作质量。由于受传统工作经济理论的束缚，凯恩斯对如何使工作变成一件“好事”避而不谈。

在此我们不妨从马克思那里吸取教训。如前文所述，马克思认为，自动化的目的不是因为工作内在的“负效用”而消灭工作，而是为了消除资本主义制度对工作的异化。马克思认识到，要将技术用于缩短工作时间，就需要改变所有权关系。实际上，只有实现所有权共享，才能保证自动化可以用来缩短工作时间。但在改变所有制关系过程中，工作的性质也可能会发生变化。在一个紧密合作的环境下工作，工人将体验到工作的馈赠。从这个意义上说，他们就能够在工作当中而不是工作之外实现自己的人性。从本质上讲，马克思对共产主义的追求是基于一种信念——无论有没有工作，共产主义都会为人类带来丰富多彩的存在形式（Sayers，2005；Spencer，2018）。

总而言之，自动化应该是一种减少工作时间和提高工作质量的手段。在这里，所谓自动化的解放作用，不仅仅是指它增加了休闲时间，而且也意味着它发挥了工作的积极作用。这样的愿景与传统经济学中描述的情况迥然不同。与其通过牺牲休闲来追求消费增长，不如更广泛地关注如何使工作能够满足人类的创造性需求，因为这样的工作其本身就在丰富而不是破坏人类的生活。为了驳斥传统经济学对工作的种种谬论，我们就必须善于利用技术来改变工作和生活的方式，使之沿着增加人类福祉的道路不断完善。

## 结论：重构经济学

对工作的认识一直是经济学的一个重要盲点。虽然经济学家们在各自著作中都提到了工作活动，但他们没有详细讨论工作的内容和质量。工作如何影响人们的生活这个话题在经济学中遭到系统的忽视。

这种忽视反映了经济学中更深层次的偏见和缺陷。经济学家们倾向于将人类视为消费享乐主义者（consumer hedonist）——他们只认识到工作为人类提供了消费手段，却忽视了休闲的积极作用。经济学一直不承认人类对创造性活动的需求，也没认识到人类有可能因为追求成就感而热爱工作。

毫无疑问，与幸福经济学和行为经济学一脉相承的现代工作观，就是要宣传工作的非金钱动机。然而，现代工作观仍存在诸多悬而未决的问题。它们因袭新古典经济学的常规方法，仅仅将工作视为个人效用函数中的一个变量，工作在人类生活中所具有的广泛意义仍然遭到漠视。

非正统经济学家对工作的理解富有见地。如上文所述，马克思和凡勃伦的著作中蕴含着许多真知灼见。他们的观点表明，人的工作态度具有可塑性，其背后的决定因素是工作的组织形式。他们还为可以增进人们福祉的人性化工作方式指明了方向。但时至今日，上述非正统经济学思想仍被排除在经济学辩论之外，这对工作的经济分析乃至整个经济学无疑都是一件憾事。

综上所述，自动化革命和工作的未来值得高度关注。从经济学的视角看，在未来的自动化社会中，工作看起来将与现在并无二致——也就是说，工作仍然是一种“负效用”的事情。除了可以增加更多的闲暇，人们不知道如何利用自动化来提高工作质量。人们缺乏创造一个美丽新世界的愿景：技术可以用于改善人类的生活，无论是工作之中还是工作之余。本文的结论是，如果要充分理解当前以及即将到来的自动化世界中工作和生活的内涵，我们就必须彻底改造并最终超越传统的工作经济学。

## 参考文献


- Autor, D. (2015). Why are There Still So Many Jobs? The History and Future of Workplace Automation. *Journal of Economic Perspectives, 29*(3), 3–30.
- Clark, A., & Oswald, A. (1994). Unhappiness and Unemployment. *Economic Journal, 104*(424), 648–659.

- Ford, M. (2015). *The Rise of the Robots. Technology and the Threat of Mass Unemployment*. London: Oneworld.
- Gorz, A. (1985). *Paths to Paradise: On the Liberation from Work*. London: Pluto Press.
- Jensen, C., & Meckling, W. (1976). Theory of the Firm: Managerial Behavior,Agency Costs, and Capital Structure. *Journal of Financial Economics*, *3*, 305–360.
- Keynes, J. (1930). Economic Possibilities for Our Grandchildren. In J. Keynes (Ed.), *Essays in Persuasion* (pp. 358–373). London: Norton.
- Layton, E. (1962). Veblen and the Engineers. *American Quarterly, 14*(1), 64–72.
- Marx, K. (1977). *Economic and Philosophic Manuscripts*. London: Lawrence & Wishart.
- Mokyr, J., Vickers, C., & Zierbarth, N. (2015). The History of Technological Anxiety and the Future of Economic Growth: Is This Time Different? *Journal of Economic Perspectives*, *29*(3), 31–50.
- Sayers, S. (2005). Why Work? Marxism and Human Nature. *Science and Society, 69*(4), 606–616.
- Skidelsky, R., & Skidelsky, E. (2012). *How Much is Enough? Money and the Good Life*. London: Penguin.
- Smith, A. (1976). In R. H. Campbell & A. S. Skinner (Eds.). *An Inquiry into the Nature and Causes of the Wealth of Nations*. Oxford: Clarendon Press.
- Spencer, D. A. (2009). *The Political Economy of Work*. London: Routledge.
- Spencer, D. A. (2018). Fear and Hope in an Age of Mass Automation: Debating the Future of Work, New Technology. *Work and Employment, 33*(1), 1–12.
- Srnicek, N., & Williams, A. (2015). *Inventing the Future: Postcapitalism and a World Without Work*. London: Verso.
- Veblen, T. (1898). The Instinct of Workmanship and the Irksomeness of Labor. *American Journal of Sociology, 4*, 187–201.
- Williamson, O. (1985). *The Economic Institutions of Capitalism*. New York: Free Press.

6

Attitudes to Work

# 工作态度的演变

□ 皮埃尔-米歇尔·门格尔［巴黎法兰西学院］

**作者简介：** 皮埃尔-米歇尔·门格尔（Pierre-Michel Menger）曾在巴黎高等师范学院学习哲学和社会学，1980年获得法国社会科学高等研究院博士学位。在加入法兰西学院之前，他曾是巴黎国家科学研究中心的高级研究员，自2013年起成为该中心教授，担任创作社会学主席。他还是法国社会科学高级学院教授。门格尔独自撰写或与人合写出版了15本专著，并在《法国社会学评论》《劳动社会学》《社会学年鉴》《年鉴》《社会学年度评论》和《诗学》等期刊上发表了大量文章。他还是《法兰西社会学评论》的编辑以及《经济学杂志》《法国管理评论》和《创世纪》等期刊编委会成员。2014年，门格尔出版了《创作经济学》（*The Economics of Creativity*）一书。

本文拟探讨工作态度在法国和欧洲的演变过程，主要是分析社会福利主义者对工作的理解，因为如今它正面临日益严重的工作两极化挑战。

工作具有两个相互对立的特征：一个突出其工具性方面的货币价值，另一个则彰显其自我表现方面的非货币价值。语义学的二重性很好地阐明了这一点：劳动与工作，负担与成就。我们很容易将工作的负面价值定义为一系列痛苦的羁绊和艰辛的努力，它们妨碍了人们自由自在地生活。界定工作的自我实现价值并不容易。它可以指与就业相关的一系列特征中的一个参数。例如，最早可以追溯到亚当·斯密《国富论》中那个著名概念——“补偿性工资差异”（Compensating Differential）。

一条更激进的路线则是支持通过工作而不是休闲来强化个人成就和促进社会解放的本体论。自18世纪后期以来，最确切的工作意识来自于它的生产属性，而其中最具代表性的就是创造性的劳动（Elster, 1985; Taylor, 1989; Sennett, 2008）。从19世纪末开始，随着福利国家模式的发展，加之与劳资关系有关的社会保障和劳工权利逐步落实，工作概念中又增加了第三个特性。社会福利主义理论声称，工作是人类繁荣的工具，而其主要方式就是不断提高工资和消费水平（Habermas，1986）。

我们是否可以将与工作内容相关的三个特性——工具性（instrumental）、表现性（expressive）和福利性（welfare）——简单地加以堆砌？前两个维度的相关性乍一看似乎很明显。正如约翰·肯尼斯·加尔布雷斯（John Kenneth Galbraith）在其著作《无辜欺诈的经济学：我们时代的真理》（*The Economics of Innocent Fraud: Truth for Our Time*）中所总结的那样，工作的工具性货币特征与自我表现的非货币性特征呈正相关。用他的话来说：“必须强调的是，那些最喜欢工作的人，几乎都是薪酬优渥者。”这种说法已得到普遍认可。然而，这种单维分级的方法有其自身的局限性。例如，创意工作者就不适合这种情况（Garner等, 2006; Menger, 2014）。对此我就不再赘述。

我现在主要想分析的是，社会福利主义的工作观在对工作进行评价时，如何纠正或平衡工作的工具性价值与表现性价值相关的分层依据。本文将评估法国的模式——毕竟我是法国人——看看是否可以从中吸取某些教训以便更全面地理解目前和未来的工作价值。在这方面可能会产生诸多争议。

根据经合组织（OECD）2015年发布的“美好生活指数”（Better

Life Index），普通法国人都享有令人羡慕的社会福利（OECD，2017）。然而，长期以来，法国人的不满情绪却持续高涨，政治动荡不安，结构性改革——这也意味着一种激进的改革——的呼声此起彼伏，尤其是针对欧元区的改革。这里存在一个法国式的悖论。许多国际调查结果显示，法国人是最珍惜工作的民族之一，他们视工作为自我实现的手段。但与此同时，他们又希望（事实上也如此）在工作上花最少的时间，并对工作报酬和职业前景表示强烈不满（Méda and Vendramin，2017）。这样问题就来了：那些心存不满的人是否能未雨绸缪，并从容面对科技创新所具有的“解放”和“威胁”双重影响？

法国国家统计局（INSEE）的报告显示，法国全职工薪阶层的年均工作时间是整个欧盟国家中最短的。相比之下，法国自由职业者才是真正的工作狂，他们堪称欧洲最勤奋的工作群体之一（INSEE，2018）。此外，法国工人退出劳动力市场和退休的平均年龄仍然是经合组织成员中最低的（OECD，2017）。难道法国公民，特别是那些牢骚满腹的法国人，竟然沦落为一群娇生惯养、害怕有朝一日福利改善会戛然而止的懒汉吗？抑或那些不满主要是一种结构效应（Murphy and Topel，2016；INSEE，2017）？

法国的薪酬模式向来反对“穷忙族”（working poor，指拥有固定工作却仍处于贫困状态的人群。他们虽然终日忙碌，但薪酬仍不足以维持体面的生活——译者注），其最低工资标准是经合组织成员中最高的。在过去55年中，法国的最低工资增长速度一直高于通货膨胀率，也超过了过去20年的平均工资增长率。法国的确有一套相对公平的再分配政策，可以减少收入不平等，其贫困线以下的人口占比相当低。这导致了由两种不同机制所产生的工资挤压：对于工资收入较低的那部分人，提高最低工资标准可以大大降低“下尾不均”（lower tail inequality，指低收入端人群之间的收入差异，也称“左尾不均”——译者注）；对于工作收入较高的那部分人，其技能溢价将有所下降（Verdugo，2014）。然而，正如法国经济学家帕特里克·阿尔图（Patrick Artus）在其著作《快闪经济学》（*Flash Economics*）中所言，这样的再分配政策引发了人们对工作制度的不满情绪，那些付出高昂代价接受高等教育并期望从中获得良好回报的人尤为愤懑（Artus，2017）。法国出现的所谓人才外流潮，正是由于这种得不偿失的教育和回报机制所致。

现在，人们不仅越来越担心"穷忙族"的薪酬模式在法国逐渐抬头，同时也担心用于缓冲这种势头的保障机制成本太高。事实上，劳动力市场的两极分化使日益严重的结构性不平等进一步恶化。工作集中在两个极端：一头是尖端行业的高技能高薪酬工作，另一头是低端服务行业的非技能低薪酬工作。但为了提高就业率，就必须创造大量低技能、低工资的工作岗位，而这类岗位的增长将不可避免地加剧收入不平等（Artus，2017）。

这种现象被称为高就业率诅咒：如果目标是获得更高的就业率，则必须容忍更严重的收入不均——当然，法国的收入悬殊远不及美国那么严重。

高就业率诅咒能避免吗？事实证明，几乎所有高就业率和低收入不均的经合组织国家都把福利政策建立在两个支柱之上。瑞士、丹麦、瑞典、荷兰、奥地利和芬兰不仅有大规模的再分配政策，而且拥有一支技能高超的劳动力队伍——包括在低技能行业。这要归功于这些国家高质量的教育和职业培训制度。

几十年来，法国已建立起一个非常牢固的就业保障网络。完备的就业保障机制本应使法国人高枕无忧，但事实恰恰相反。当被问及对未来几个月能够保住工作有多大信心时，法国人最有可能说自己心里没底。的确，法国的失业率相当高，而且这种现象已经持续了30多年。然而，由于法国反对"穷忙族"薪酬模式，高失业率对低技能劳动力的伤害程度要高于美国和英国。与此同时，法国的失业救济和失业补偿期限在欧洲最高。严格的就业保护法和慷慨的失业保险相结合，造成劳动力市场呈现出强烈的局内人和局外人二元性，长期固定工作和临时合同工作之间存在巨大差异（OECD，2017）。

这种二元结构的显著特征就是法国的“弹性工作”模式。越来越多的工人——其中主要是非技术工人和服务工人——最终用非常短期的工作来凑合应对失业问题。因此，在过去十年中，越来越多的失业工人一边断断续续地上班挣工资，一边又享受着失业保险福利。法国大多数工会的运作方式延续了这种劳动力市场的二元结构。法国是经合组织中工会会员率（工会会员与员工总数的比率）最低的国家之一，但却拥有最高的工资与集体谈判覆盖率。这是由于其特殊的法律和行政延期程序，使集体谈判结果能够覆盖到企业协会成员之外的非签约企业。这将影响到工会的行为方式，特别是强化劳资双方的对抗性。事实上我们知道，劳资关系与工会会员率的高低密切相关（Cheuvreux and Darmaillacq，2014）。

法国的管理质量总体来看并不差，但法国的等级观念和集中化管理模式无疑酿成了劳资关系中的对抗情绪（Bloom等，2012）。面对这种矛盾，有哪些行之有效的解决办法？我认为通常会有三种选择：呐喊、忠诚或退出。

呐喊意味着呼吁进一步缩短每周的法定工作时间、提高最低工资标准、减少收入和财富不均以及在公共教育领域实施大规模投资。这就等于使法国成为一个不仅仅是机会平等而且是成果均沾的希望之地。这当然是法国极左翼的选择。

忠诚意味着改革法国模式，并对法国模式的改善潜力报以信心。这显然是马克龙总统现在选择的路线。但这条路线也面临多重挑战：中央政府不再干预劳资关系和工资谈判；支持创业精神；投资于更好的管理、教育和终身培训；确保更高的结构性增长水平，并且在增长、创新和社会流动性之间构建清晰的联系，从而树立一种社会信任和“社会正和博弈意识”（sense of a social positive-sum game，即社会各方多赢的观念）。这些都是多年来各方深入讨论的主要挑战，但现在改革已经势不可当。

退出是指促进工资依赖型社会转型，它可以采取两种不同的方式：选择独立工作，或者转变成一个涵盖有薪劳动和独立工作的福利国家。理想情况下，忠诚选项和退出选项不应是排他性的。在论文的最后一节，我将着重分析退出选项，因为它在工作自主性和独立性提高的情况下，为进一步讨论工作的价值提供了思路。它也许能让我们一窥工作的未来。

我将提出两个关于工作独立性的问题。第一个问题是，既然自由职业令人如此向往，那为什么自由职业者的数量并未继续上升（Benz and Frey，2008）？第二个问题是，有很多人选择了自主创业，即使领取薪水能过得更好，但他们却依然选择自立门户，对此我们该如何解释（Rosen，1986；INSEE，2015；Lamarche and Romani，2015）？

综上所述，建设一个富有开拓精神和积极进取的法国（这也是当下的口头禅），其前提是想方设法成为一个新型的、更加灵活的福利国家，切实应对劳动力市场两极分化、数字革命和维护欧洲（或者更准确地说是欧洲大陆）福利制模式所带来的挑战。我们面临的艰巨任务就是要摆脱高就业率的诅咒，避免“穷忙族”陷阱，解决企业家或自由职业者的困难。我们不必调整现有的政策工具去应对日新月异的技术进步和全球竞争，而是应该设计出一个全新的场景。说它新，也不尽然。还记得很久以前，罗纳德·科斯（Ronald Coase）在《公司的性质》（The Nature of the Firm）一文中就曾质问：为什么不用双边用工合同谈判制去取代公司制（Coase，1937）？

灵活的福利国家会是什么样子？它将依赖于所谓的“社会提款权”（social drawing rights）制造。提款权框架可以建立在现有的各种社会权利基础之上（Supiot等，2001）：协助失业者创建或接管企业，提供培训假，发放培训券，实行“全民基本收入”制度（Universal Basic Income，指国家每月发给每个居民一笔钱，相当于无条件给所有居民“发红包”——译者注）。我们不仅要扩展这些权利，更重要的是，要更好地管理这些权利的配置、组合和互动。我们应当认识到，从长远来看这有助于改善对个人偏好、权利和风险的管理，从而消除市场、公司以及公共或私人管理规则之间的障碍（Menger，2002）。

借助能够自己提款的个人账户，个人生涯管理将涵盖更多维度——有偿工作、社区工作、求职和职业转换、终身培训等。这些都要同时经历讨价还价的过程，就像经营一家私人小微企业，需要技能投资、能力组合、权益管理、过渡策略、仲裁调停等。平台和数字设备应该会有所作为。总而言之，未来社会依旧会充斥着此消彼长的博弈。

## 参考文献


- Anand, P., Durand, M., & Heckman, J. (2011). The Measurement of Progress—Some Achievements and Challenges. *Journal of the Royal Statistical Society, 174*, 851–855.
- Artus, P. (2017). *Flash Economics* (daily publication). Paris: Natixis.
- Benz, M., & Frey, B. (2008). Being Independent is a Great Thing: Subjective Evaluations of Self-employment and Hierarchy. *Economica, 75*, 362–383.
- Bloom, N., Sadun, R., & Van Reenen, J. (2012). The Organization of Firms Across Countries. *Quarterly Journal of Economics, 127*(4), 1663–1705.
- Cheuvreux, M. & Darmaillacq, C. (2014). Unionisation in France: paradoxes, challenges and outlook. *TRESOR-ECONOMICS 129*, 1–12.

- Coase, R. (1937). The Nature of the Firm. *Economica, 4*(16), 386–405. Blackwell Publishing.
- Coe-Rexecode, (2016). *La durée effective annuelle du travail en France et en Europe. Document de travail n°59*, Paris: Coe-Rexecode.
- Elster, J. (1985). *Making Sense of Marx*. Cambridge, UK: Cambridge University Press.
- Galbraith, J. K. (2004). *The Economics of Innocent Fraud: Truth for Our Time*. Boston, MA: Houghton Mifflin.
- Garner, H., Méda, D., & Senik, C. (2006). La place du travail dans les identités. *Economie et Statistique, 393–394*, 21–40.
- Habermas, J. (1986). The New Obscurity: The Crisis of the Welfare State and the Exhaustion of Utopian Energies. *Philosophy and Social Criticism 11*(2), 1–18.
- INSEE. (2015). *Emploi et revenu des indépendants*. Paris: INSEE.
- INSEE. (2017). *Emploi, chage, revenus du travail*. Paris: INSEE.
- INSEE. (2018). *Tableaux de l'économie franise*. Paris: INSEE.
- Lamarche, P., & Romani, M. (2015). Le patrimoine des indépendants. In *Emploi et revenu des indépendants*. Paris: INSEE.
- Méda, D., & Vendramin, P. (2017). *Reinventing Work in Europe. Value, Generations and Labour*. London: Palgrave Macmillan.
- Menger, P.-M. (2002). *Portrait de l'artiste en travailleur. Métamorphoses du capitalisme*. Paris: Seuil.
- Menger, P.-M. (2014). *The Economics of Creativity*. Cambridge, MA: Harvard University Press.
- Murphy, K., & Topel, R. (2016). Human Capital Investment, Inequality, and Economic Growth. *Journal of Labor Economics, 34*(2, Pt. 2), S99–S127.
- OECD. (2015). *How's Life? 2015: Measuring Well-being*. Paris: OECD Publishing.
- OECD. (2017). *OECD Economic Surveys: France 2017*. Paris: OECD Publishing.

- Rosen, S. (1986). The Theory of Equalizing Differences. In O. Ashenfelter & R. Layard (Eds.), *Handbook of Labor Economics*. Amsterdam: North Holland.
- Sennett, R. (2008). *The Craftsman*. New Haven, CT: Yale University Press.
- Smith, A. (1776). *An Inquiry into the Nature and Causes of the Wealth of Nations*. London: Strahan.
- Supiot, A., et al. (2001). *Beyond Employment: Changes in Work and the Future of Labour Law in Europe*. Oxford: Oxford University Press.
- Taylor, C. (1989). *The Sources of the Self*. Cambridge, MA: Harvard University Press.
- Verdugo, G. (2014). The Great Compression of the French Wage Structure, 1969–2008. *Labour Economics, 28*, 131–144.

7

Work as an Obligation
# 视工作为义务

□ 娜恩·克雷格［伦敦全球研究中心］

**作者简介：**娜恩·克雷格（Nan Craig）是伦敦全球研究中心的项目主任，研究对象为技术与工作的未来。她拥有伦敦经济学院全球政治学硕士学位，曾为英国社会企业参与部门（Social Enterprise Participle）工作，并担任自由职业研究员。她还在《新科学家》（*New Scientist*）、*VICE*和*MAGMA*等杂志上发表了多篇小说。

尽管大多数人都自以为了解日常活动中哪些是工作、哪些不是工作，但实际上工作这个概念很难界定。对于工作的最基本特征，我们各执己见甚至自相矛盾——工作是一种代价还是一种快乐？工作纯粹是为了维持生计，还是一种可以赋予我们生活额外意义和目的的活动？如果没有工作，我们会是什么样子——是自由，还是失落？

我们对工作的态度莫衷一是，部分原因在于其千差万别的历史渊源——既有古希腊的工作观，也有清教徒的工作观，还有新古典经济学的工作观。这些观念影响到我们对工作类型的评判，或者说影响到我们是否将某种活动视为“工作”。例如，已故苹果CEO史蒂夫·乔布斯（Steve Jobs）的训诫“做你所爱之事，爱你所做之事”就是最好的证明。宫德光（Miya Tokumitsu）在网络杂志《雅各宾》（*Jacobin*）上发表的一篇文章指出，乔布斯这句训诫其实是一剂有害的心灵鸡汤，它既可升华工作也能毒害工作，它暗示着唯一真正有价值的劳动是那种令人愉快和满足（也就是看起来光鲜亮丽）的劳动。言外之意就是，假如你恰好热爱自己的工作，那你就会一辈子都想做下去。当然，你不能奢望从中得到报酬。

“做你所爱之事”这句口号从某种意义而言也反映了“劳动”与“工作”之间的分裂。美国政治理论家汉娜·阿伦特（Hannah Arendt）发现这种分裂可以从词源学上追溯到希腊人对劳动与生活的定义。她认为，一方面“劳动”就是一种维系人类生活的无休止的必要工作：种地做饭，打扫修补，养育孩子。“劳动”虽然可以出于热爱，但又不仅仅出于热爱。我们之所以劳动，常常是因为不劳动就不得食。

另一方面，“工作”则可以创造某种游离于我们自身且具有永恒价值的东西。希腊人认为这是一个更高层次的要求，具有创造性的“工作”使人类有别于其他物种。最后，阿伦特所谓的“行动”（action）——在希腊语中为“praxis”——是希腊人的最高追求，指的是与其他公民进行辩论和商讨决策。奴隶和妇女需要劳动，工匠也需要工作，只有这样“公民们”才能够摆脱日常劳作并参与可以带来成就感的政治生活。

阿伦特本人虽然不像希腊人那样对劳动充满不屑，但她认为，在消费社会里，每个人都是“劳动者”而并非“工作者”，因为每个人都只是为了消费而劳作，只有为工作而工作才会让你成为真正的工作者而不是劳动者。同样，“做你所爱之事”也暗藏着类似的戏法：漠视那些为维持生活而终日忙碌的劳动者，只关注那些出于热情而工作的幸运儿。这种说法将世界上的绝大部分工作都排斥在外。

斯多葛派（Stoic）哲人是率先与“希腊理想”（Greek Ideal）决裂的西方思想家，他们认为努力工作本身就是有价值的和高尚的。他们对早期基督教会的影响有助于传播“工作高尚论”——尽管千百年来，工作在宗教信仰中始终排在次要地位。天主教修道院曾经一片繁忙，但正如赫伯特·阿普莱鲍姆（Herbert Applebaum）在《古代、中世纪和现代的工作观念》（*The Concept of Work: Ancient, Medieval and Modern*）中所指出的那样，修道院里的人热衷于采用自动化技术，因为他们的教义是：辛勤劳作虽不错，安心祈祷却更好。这就意味着减少劳动时间未尝不是一件好事情。随着宗教改革运动的爆发以及加尔文主义和清教主义的兴起，基督教对工作的态度发生了巨大转变。加尔文主义和清教主义都把努力工作视为服务上帝的最高形式。这并不是说可以快乐地工作，而是说要像忏悔一样工作——清教徒们尤其认为，工作就是为了获取尽可能多的利润，然后再把钱花在慈善和美好的事物上。德国杰出的思想家马克斯·韦伯（Max Weber）认为，通过一切手段和不懈劳作来赚钱的（乏味）信念是资本主义发展的沃土。这种视工作为人格塑造（以及不拼命工作就是浪费生命和道德沦丧）的信念在福利制度中挥之不去，它促使人们为了获得补贴而去从事那些毫无意义的工作。

工业革命以来，工人不断走出家庭或离开公地（common land），进入工厂、农场和办公室，工作逐步被约定俗成地视为有薪劳动。正如安德丽娅·康罗希在她那一章中所描述的那样，在“工作场所”之外——无论是在家里或是在其他地方——任何劳动都不再被视为工作。除了技术革命之外，经济学的发展也改变了工作的概念，它更关注工作的代价，而不在乎工作能否带来成就感（Spencer，2009）。20世纪初以来，劳工组织、政府以及雇主都把工作定义为有偿就业或自由职业。广泛的工作概念变成了狭义的“工作岗位”（jobs）。

但是，这个定义一直与通俗的（也是广义的）工作理念相悖。例如，养育孩子常常被称为含辛茹苦的工作；艺术家们认为，艺术创作就是工作——他们因此经常讨价还价，尽量为自己的作品争取体面的报酬；护理工作——既包括家庭成员的护理，也包括家庭外那些有偿和无偿护理——已被女权主义经济学家誉为对经济作出了极大贡献但又被严重低估的工作。这在一定程度上是传承了无处不在的清教徒精神，它认为那些不工作的人不仅懒惰而且不道德；只要我们认为自己所做的是一件“实实在在的”工作，那么这种行为就是正当的。“谁在工作”这个问题已成为一个政治问题，必须承认所有的劳动都是艰苦并且富有成效的工作。似乎很难将这些不同的人类活动清晰地贯穿起来。一旦我们承认工作的范畴远远超出“有薪岗位”，它就会覆盖生活的各个方面。

那么，工作的意义何在？事实上，有一个共同的因素可以把雇佣劳动、为他人服务、职业、养育子女、艺术、谋生以及其他各种贴有“工作”标签的人类活动联系在一起。

这个共同的因素就是一种义务感——或者更积极地说是一种责任感。工作是你一睁眼就要做的事，不管你想做还是不想做。有时候，义务或责任首先是对自己或家人——你每天周而复始地做那份苦差事，就是因为它可以让你或你所爱的人有吃有住。大多数人还对自己的雇主、同事或客户抱有一种名义上的责任感，为的是不让他们陷入困境。有的时候，工作的责任感也会来自他人的需求——就像我们照顾孩子或病人一样。工作的冲动偶尔也可能缘自发展个人才能的义务。艺术家往往觉得自己对作品本身有一种义务——一定要把它公诸于世。工作总是在我们觉得应当有所作为的地方发生——无论是需要清理一个乱七八糟的厨房，还是需要演奏一首优美的音乐。

正是与责任息息相关，工作也因此跟人生意义相互交织。“做你所爱之事”这句口头禅还忽略了一点，那就是人们往往不知道他们喜欢做什么，直到他们做了一段时间后才逐渐爱上这件事情。许多人最初“陷入”一门工作，后来慢慢为之着迷，并最终获得成就感。有的时候，甚至一项最初被认为是痛苦的工作，经过努力而出色地完成后，反而变得更有意义。然而，如果一味坚持人们应该能够在他们的工作中随随便便地找到意义（不管这种意义是否有用），那也未免过于荒唐。令人沮丧的是，就像大卫·格雷伯（David Graeber）在《垃圾工作》（*Bullshit Jobs*）一书中所言，很多工作实际上毫无意义，根本就不值得去做（Graeber，2018）。如果我们同意责任感是工作的根本特征，那么“垃圾工作”就根本算不上是工作。

从这个意义上说，工作显然不是孤立的：它意味着与某种事物相关联，无论它关联的是另一个人或另一个组织，还是他自己，还是关乎工作者自身。这种义务甚至可能针对非人类。例如，兽医通常不是因为觉得对宠物的主人负有责任而去工作，而是对宠物本身负责。环保主义者思想中大都隐含着这样的理念：我们对地球本身负有责任，不仅因为它是我们人类的家园，同时也是其他生物的栖身之处。

当然，对工作怀有义务感或责任感的想法并不排除人们会厌恶甚至憎恨自己从事的工作。义务本身有可能被狭隘地理解为一种契约或道德约束，甚至被视为一种来自社会或同侪的压力。社交媒体上的网红在Instagram或YouTube上扬名圈粉，这类工作中有很多不健康的因素，但其中一个重要因素就是他们对粉丝的义务感。面对压力，从事这项工作的人感到需要把生活的点滴都秀出来以便取悦粉丝和品牌商。但过于哗众取宠并不一定会使自己的工作更有意义——它反倒容易引发内心的恐惧，害怕自己会令众人失望。不过，如果人们对自己的工作有着越强的道德责任感，其工作似乎就越有意义。

虽然我认为义务与工作是两码事——因为有许多被法律和道德约束的义务活动显然不属于工作，但我相信工作关系中必定含有某种义务因素。

将工作视为一种义务关系的另一个结果是，它并不强迫我们回答工作是一种代价还是一种快乐；作为一种义务，它可以是其中之一或两者兼备。所有的义务都意味着负重前行且不能随时停止。如此一来，我们就可以在工作和纯粹的休闲（即使两者都是无偿的）之间划出一道假设的分界线：休闲活动让你感觉随时都能够拿得起放得下，一切随心所欲。我想这条分界线一定还是很模糊。但假设你因为没有练习钢琴或完成填字游戏而感到内疚，那么说明你的爱好至少已经变得带有一丝工作的特征了，它们不再是纯粹的自娱自乐。

这对于探索工作的未来意味着什么？关于薪酬工作对人类的重要性，大致有两种观点。一种观点认为，工作——哪怕是那些条件恶劣的工作——可以向人们提供组织结构、身份地位和个人自尊，因此对人类的繁荣至关重要。而与之相反的另一种观点则认为，全职有偿工作是生计（或不公平的经济制度）强加给我们的一种束缚；如果大多数人能够尽量减少薪酬工作，他们就会发现自己的生活更充实、更丰富。

这种划分跨越了政治范畴，但在关于自动化的辩论中，人们常常对"全民基本收入"（Universal Basic Income，UBI）的想法要么充满热情，要么灰心丧气。UBI是指政府无须通过经济能力测试就向每个人发钱，不用考虑受益者的就业状况或其他社会福利资格。一方面，那些认为UBI将导致灾难性后果的人强调，这项政策不仅会造成长期或大规模的失业，而且还会因为突如其来的强制裁员引发人们的绝望感和失落感（这反映了马克思主义的工作观——工作是人类繁荣的根本所在）。另一方面，UBI的拥趸们要么按照经济学家的观点将工作视为一种代价；要么因袭左派或女权主义的传统，对有偿工作完全是一种个人选择的说法表示怀疑。

然而，视工作为义务的理念似乎支持这样一种想法：一个缺少有偿工作的世界并不会因此丧失责任感，所以也不会失去责任赋予生活的结构和意义。

对突然大规模失业的恐惧是情有可原的，但对工作岗位减少而产生恐惧则是杞人忧天。突然失去可以依附的组织结构和日常生活目标，尽管对大多数人来说意味着前途渺茫，但我们仍有一些应对工作丢失的良方。例如，关于退休的研究表明，那些已经提前筹划如何安度晚年的人，比那些毫无思想准备的人更善于管理他们的退休生活，在同等资源条件下他们的退休生活也更加健康。有些人渴望借助外部组织来改变他们的生活，而另外一些人则更乐于打造自己的生活。在这方面人与人各不相同，承认这一点，意味着我们需要创造一些可供选择的组织，而不是将自由理念从工作中彻底排除。只要我们确信生活中充满了各种各样无偿的义务，那么，“人类需要有目的的工作”（有时甚至是组织赋予的义务）与“工作少一些也可以接受”这两种观点就能够兼容共存。

如果我们不再追求那遥不可及的乌托邦世界，转而面对当前现实中存在的问题，我们就会发现，反对工作其实是对过度拔高工作价值的合理纠正。女权主义者反对工作的呼声尤为强烈——卡蒂·威克（Kathi Week）《工作存在的问题》（*The Problem with Work*）一书中的观点就是一个佐证。他们的观点正好与自由女权主义者（liberal-feminist）和马克思女权主义者相反，后两者认为全职有偿工作对女性而言无疑是一件好事。妇女全面进入就业市场，并未促使她们以前做过的那些无报酬工作得到系统性的重新分配。关于“工作与生活之间的平衡”这个话题已经有很多高谈阔论，但对于大多数相夫教子的妇女来说，她们更需要解决的是“工作与工作之间的平衡”——因为她们终日疲惫不堪、尽职尽责，几乎没有休闲的时间。

唤起某种责任感——被需要的感觉——是工作的确切目的，它可以帮助我们感受到更强的人生意义。如果我们同意这个说法，那么就不难理解为什么许多人会觉得无论做什么工作都好过完全无所事事，同样也可以解释为什么完全没有意义的工作会如此令人失落。社会学家亨里克·德·曼（Henrik de Man）认为，（在适当的情况下）人类需要并且与生俱来就会享受工作，无所事事会令他们苦闷不堪。对UBI试点方案的研究结果也支持了这种看法。此项研究发现，那些获得保障性收入的人往往只有当他们必须做其他事情时才会减少有偿工作的时间，比如那些需要在家照顾幼儿或者送孩子上学的年轻人就是如此。

需要进一步思考的是，自动化程度的提高能否有助于解决上述问题。在目前的经济体制内，其答案是：可能不会。大规模的再分配政策——确保生产效率提高所产生的利润惠及工人而不是流向股东——将是最低要求。为了花更少的时间用于有偿工作，工人们就需要从有偿工作中得到更多报酬。只有这样，一旦自动化确实要求减少人的工作量，我们才不至于感到恐慌。更重要的是，在有偿工作突然消失的地方可能会出现工作真空，对此我们需要做到有备无患，确保新的责任和义务及时扩展到过去有偿工作曾经占有的空间。

## 参考文献


- Applebaum, H. (1992). *The Concept of Work: Ancient, Medieval and Modern*. Albany: State University Press of New York.
- Arendt, H. (1958). *The Human Condition*. Chicago: University of Chicago Press.
- Graeber, D. (2018). *Bullshit Jobs: A Theory*. London: Allen Lane.
- Spencer, D. (2009). *The Political Economy of Work*. London: Routledge.
- Tokumitsu, M. (2015). Forced to Love the Grind. *Jacobinmag.com*. [Online]. Retrieved February 4, 2019, from https://www.jacobinmag.com/2015/08/do-what-you-love-miya-tokumitsu-work-creative-passion/.
- Weeks, K. (2011). *The Problem with Work*. Durham, NC and London: Duke University Press.

# III.

# 对技术的态度

8

# Attitudes to Technology: Part 1

# 对技术的态度（上）

□ 詹姆斯·贝森［波士顿大学法学院］

**作者简介：** 詹姆斯·贝森（James Bessen）是研究技术和创新政策的经济学家，同时也是一位成功的创新者和一家软件公司的首席执行官，目前担任波士顿大学法学院技术和政策研究项目的执行主任。贝森的著作《边干边学：创新、工资和财富之间的真实关系》（*Learning by Doing: The Real Connection Between Innovation, Wages, and Wealth*）通过回顾历史，让人们了解新技术如何影响当今的工资和技能。贝森关于创新的研究还体现在他与迈克尔·穆雷（Michael Meurer）合著的《专利失效》（*Patent Failure*）一书。他的研究成果不仅被媒体大量转载，而且还被白宫、美国最高法院和联邦贸易委员会广泛引用。

关于人工智能近期的影响，尤其是自动化在最近一二十年的影响，我将阐述三个经济学命题：第一，大多数自动化一直是局部而非全部自动化；第二，局部自动化会导致相关行业的就业率有增有减；第三，即使自动化不会净减少工作岗位，它仍然具有高度破坏性，因为人们为了保住“饭碗”就必须学会适应新的工作和掌握新的技能。

## 自动化的影响大都是局部性的

我们首先应当正确区分任务自动化和工作自动化。工作会涉及许多不同的任务，通常也就需要各种各样的技能。正因为如此，一份工作很难全部实现自动化。

例如，我查看了一下1950年美国人口普查统计表中所列出的详细职业数量，并跟踪它们截至目前的分类情况。其中到底有多少是因为自动化或其他原因而消失的？我很快发现，它们中的大多数至今仍然以这样或那样的形式存在，有的仅仅是改头换面罢了。某些职业因为各种因素（趣味变化、生活方式改变等）所导致的需求下降而消失，例如，“公寓管家”（boarding house keeper）这门职业就不再出现于人口普查统计表之中。有的职业之所以消失，是由于其所处的行业因为技术过时而被整体淘汰，例如新的人口普查统计表中也不再出现“报务员”（telegraph operator）这类职业。

只有一个职业完全实现了自动化，那就是电梯操作员的工作。

现在我们来看看机器学习（machine learning）。机器学习拥有的能力我们人类都具备，但在某些任务上机器可以完胜人类。例如，它们在识别人的嘴唇活动或X光时，就可以比人类做得更出色。机器学习系统往往擅长于执行个别任务，特别是那些含有大量标签数据（labelled data）的任务。机器不具备我们通常所谓的意识或意图，因此不像人类那样可以赋予事物各种意义。机器学习自 20 世纪 80 年代出现以来，其能力已大幅提升。这一方面得益于相关软件的逐步改进，另一方面也因为我们拥有许多便于访问的大型数据池以及更强大的存储硬件。尽管如此，自动化带来的改进主要还是体现在某些具体的任务上。

我们不妨看看自动化是如何影响以下这三个职业的。

第一个是会计师业务。1954年，会计师的任务首次通过计算机实现自动化并不断改进。我们观察一下人工智能开发人员的工作，就可以了解如今自动化的发展方向。他们开发的新系统可以完成复杂的工作，如通读大型合同数据库，从中提取相关的合同条款供审计人员使用。但是，仍有许多任务是这些系统难以胜任的，比如为组织管控（organizational control）提供评估和建议。

第二个是银行信贷业务。1956年，银行首次利用计算机实现信贷业务自动化。1987年，人工智能系统开始投入商业使用——主要用于信用卡自动检测。某些类型的贷款自1972年以来就采用自动贷款程序进行处理。尽管几十年来信贷业务自动化取得了巨大成就，但这项工作的许多任务迄今依然未能实现自动化，比如评估商业贷款对象的经营状况。

第三个是律师助理业务。首个用于律师助理和法律援助的自动化业务系统于1963年建成。20世纪90年代末，电子文本检索的应用悄然兴起，这些采用了人工智能或算法技术的自动化系统被用来识别与诉讼相关的文件。就某些方面而言，这些系统比人类更擅长此项任务，但它们仍难以完成所有的工作。正因为如此，尽管自动化系统在美国律师助理行业应用最为广泛，该领域的就业依然持续增长。

上述案例表明，在未来一二十年内，虽然人工智能将产生巨大影响，但这些影响终究还是体现为局部工作的自动化。当然，可能也会有一些重要的例外——某些职业如卡车司机和仓库工人的工作将会彻底自动化。

## 自动化对不同行业就业率的影响不尽相同

鉴于大多数自动化都是局部性的，我们就应该认识到自动化也可以创造就业机会，而且在某些情况下也必将创造就业机会。即使在受自动化冲击的行业，其就业机会也可以增长，例如美国的纺织业（Bessen，

2015，2019）。几十年来，我们已经习惯于将自动化视为导致纺织业工作岗位大量流失的罪魁祸首。然而，最初的情况并非如此。早在1910年，美国纺织业就已实现了高度自动化，在最先进的纺织厂里，一名纺织工可以操控多达24台织布机。实际上，在19世纪的100年间，纺织业98%的劳动力都被机器替代。然而，如果你考察一下纺织行业的就业情况就会发现，无论19世纪还是20世纪，在自动化高度普及的过程中，其就业率依然实现了快速上升。

这一现象似乎令人大惑不解。这里有什么奥秘？原来是需求出现了改变。由于自动化程度提高，生产每1码（相当于3英尺，约合0.9144米）布料所需的劳动力大大减少。在竞争激烈的市场环境中，这意味着公司可以降低产品的价格。价格下降有利于促进消费，人们就能够以较低的价格购买更多的布料。以美国为例，在19世纪初，由于布料价格昂贵，人们消费的布料很少，普通人往往只有一套服装。但在随后的100年间，其人均棉布和化纤布的消费量增长了10多倍。

布料价格下降，意味着人们能够以更便宜的价格购买更多的布料和衣物，长期以来被抑制的消费欲望迅速爆发。人们的购买力如此之大，以至于工厂不得不提高织布效率并增加用工数量。到了20世纪中叶，人们的衣柜已被塞得满满当当。我们还将布料用于室内装潢以及其他各种用途，布料市场的需求到了充分满足。正如过去200年一样，自动化仍在以每年大约3%的速度提高生产效率，但需求却不再增长。纺织业自动化进程之所以势如破竹，其动力就在于为了节省劳力。

我们目前也遇到类似的情况。自条形码扫描仪出现以后，柜台收银员的结账时间便大幅缩短，但我们看到收银员的数量却有增无减。电子商务实际上增加了收银员岗位，正如电子取证技术（electronic discovery）创造了更多的律师助理职位。我们不妨以自动柜员机（ATM）和银行柜员为例。1995—2005年这10年间，美国出现了大量ATM，但与此同时银行柜员的数量也在上升。这背后同样是需求增长的原因。ATM的出现意味着银行在运营分支机构时可以减少柜员人数；同时，由于ATM成本更低，并且便于某些地区的居民取现，银行可以借助它们开设更多的分支机构，柜员的岗位也随之增加（Bessen，2016）。

这种良性循环的模式在非制造业领域相当普遍。在该领域，信息技术对就业的促进作用大于替代作用。而在制造业，情况则正好相反。制造业领域的自动化已有200年的历史，各种市场需求都得到了满足，短期内需求弹性不会出现太大变化。人工智能在短期内的影响将非常类似于过去五六十年计算机自动化所产生的效果。我们将看到某些职业岗位会出现增长，而另外一些则会出现下降。关键的问题在于，这样的模式会持续多久，因为时间一长就会出现不同的情况。后面我还会简单地解释这个问题。

## 自动化对就业的破坏性影响不容忽视

本文想讨论的第三个问题也许不是一个皆大欢喜的事情。这个问题也就是卡尔·贝内迪克特·弗雷（Carl Benedikt Frey）在早些时候提出的——自动化会导致许多不平等。以打字员的工作为例，由于计算机桌面排版系统的出现，打字员这门职业几乎不见踪影，如今取而代之的是桌面排版人员和平面设计师为我们设计制作各种教材。平面设计工作所增加的工作岗位数量远远无法弥补打字员岗位遭受的损失（Bessen，2015）。我觉得这是对就业的一种实实在在的破坏。人们都在谈论并思考人工智能作为一种取代人类的机器将产生何种危害。这就是一个关于人类利用机器取代另一部分人的真实故事。

这里牵涉到一个老生常谈的问题——自动化是否会导致新的不平等？我将重点谈一下这个问题的几种表现。当自动化创造出新的工作岗位后，平面设计师和桌面排版人员就需要具备新的技能，而且这些技能日新月异。不仅如此，刚刚出现的新技术往往没有实现标准化，劳动力市场不一定承认这些技能并制定相应的工资标准，从业人员的平均工资水平通常也会停滞不前。其结果将加剧不平等——一部分人在这样的环境中得以生存甚至脱颖而出，而有些人则以失败告终。这就意味着职业转型的路径将因人而异，也就是说处于错误行业、错误岗位甚至错误地区的劳动力，需要从不同的方向去适应新的就业环境。

此外，新技术的引进也会加剧公司之间的不平等。有些公司在员工招聘、培训和新技能培养方面做得非常出色，但也有一些公司的表现差强人意。综观所有发达经济体，我们看到每个行业中最优秀的公司与普通公司之间在生产效率方面的差距越来越大。这种现象实际上相当明显，其背后的原因直接与技术有关。我通过一些研究发现，凡是使用信息技术较多的行业，其人均生产效率都比较高，每个行业排名前四的头部公司尤其如此。其他公司与行业四强之间的差距也将日益拉大。这就导致包括制造业、金融业、服务业、零售业以及批发业在内的所有领域的集中度都在持续上升。我们看到，每个行业的头部四强所占据的市场份额越来越大。

以上就是本文所探讨的三个命题。现有证据表明它们在某种程度上已是大势所趋。过去数十年的情况也已经印证了这一趋势，而且我认为这种趋势还会持续一二十年。不仅如此，从长远来看，我们还将面临一些新的问题。第一，随着科技的进步，我们将会看到更多的职业被自动化系统替代。第二，如果我们借鉴纺织业工人数量的升降规律，那么就可以预料，就业率先升后降的模式将出现在所有的制造业领域。不仅发达国家如此，发展中国家也不例外。越来越多的市场需求趋于饱和。如今，银行金融和医疗保健行业的自动化方兴未艾，它们可能正处于一个有很多用户需求尚未得到满足的阶段，所以其就业还会呈现增长趋势。

但在未来三五十年后，局面可能就会扭转。从某种意义上而言，到时候也许我们所有的金融需求都将得到满足。当然，这里还涉及一个有关人工智能时代全面来临的问题。

众所周知，需求至关重要。过去200年，各行各业的人始终都在关注自动化对就业的影响，但他们的预测通常都没有得到验证。但我们不能因此认为今天的预测必然是错误的。我在这里重点想说的是，他们之所以预测失准，就是因为低估了人类的深层次需求，未能充分认识到新的需求会源源不断地产生。总而言之，只要还存在需要通过市场来满足的需求缺口，工作就不会消失。

由此引发了一系列更为广泛的问题：人类还有什么需求？哪些市场或行业的需求尚未得到满足？哪些领域的需求是靠技术永远无法全部满足的？我们是否会失去对健康和长寿的追求？人与人之间的互动真的是我们消费中的一个重要组成部分吗？机器人是否会在人们所珍视的社交互动领域替代人类？我们仍会需要经济学家所称的“炫耀性商品”（status goods），例如时尚用品。我们之所以有这种需求，是因为这些商品使我们可以显得与众不同——尽管这些商品只具有一定的相对价值而非绝对价值。无论如何，这些问题都值得我们认真思考。

## 参考文献


- Bessen, J. (2015). *Learning by Doing: The Real Connection Between Innovation, Wages, and Wealth*. Yale University Press.
- Bessen, J. E. (2016). How Computer Automation Affects Occupations: Technology, Jobs, and Skills. *Boston Univ. School of Law, Law and Economics Research Paper*, 15–49.
- Bessen, J. E. (2019 forthcoming). Automation and Jobs: When Technology Boosts Employment. *Economic Policy*.

9

Attitudes to Technology: Part 2

# 对技术的态度（下）

□ 卡尔·贝内迪克特·弗雷［牛津大学马丁学院］

**作者简介：**卡尔·贝内迪克特·弗雷（Carl Benedikt Frey）是牛津大学马丁学院花旗研究员，在牛津马丁学院开设了“工作的未来”课程，曾出版专著《技术陷阱：自动化时代的资本、劳动力和权力》（*The Technology Trap: Capital, Labor and Power in the Age of Automation*）。弗雷曾担任国际组织、智库、政府部门以及商业机构的顾问和咨询人员，其中包括二十国集团、经合组织、欧盟委员会、联合国以及数家“财富500强”企业。他还是英国《金融时报》《科学美国人》和《华尔街日报》的专栏作者。在2016年瑞典商业杂志*Veckans Affürer*评选的“最具影响力的青年意见领袖”排行榜中，弗雷名列第二位。

开宗明义，我不太确信自动化的未来会复制过去的历史。诚然，反乌托邦式的信念认为技术将“淘汰”人类劳动并导致严重失业。但过去200年的历史已经证明这种预测其实大谬不然。

但也有一些事情对于劳动力不利。在过去的30年里，学历不超过高中文凭的美国成年人，其每小时的实际工资逐年下降。同样，在工业化的最初70年，也就是1770—1840年，英国工人的周工资一直停滞不前。考虑到这70年英国的工作时间增加了大约20%，大部分人每小时的实际工资下降幅度更为严重。

我想指出的是，劳动力因技术进步而付出的代价在不同历史时期差异巨大，由此也影响了人们对技术进步的态度。新技术要么以一种愉快的方式提高劳动力的技能，并让人们赚到更多的钱；要么会代替劳动力并淘汰原有的岗位和任务，从而降低劳动力市场上那些技能过时群体的收入潜力。20世纪80年代计算机革命爆发以来，一大批人都遇到了这种情况。由于全球化和自动化的影响，处于中等收入的制造业工作岗位逐步枯竭。那些没有上过大学的男性，其收入能力不断下降。

近年来，计算机技术可以执行的各种潜在任务正在迅速增加。如果我们回溯至20世纪初，人类就是“计算机”，其功能不过就是进行一些基本的算术运算和填写表格。此时，人类与“计算机”难分彼此。但自从1946年宾夕法尼亚大学的科学家发明了第一台电子计算机——电子数字积分计算机（Electronic Numerical Integrator And Computer，ENIAC）之后，自动化的任务就开始接踵而至并不断拓展。不过，由于最初计算机应用成本高昂，直到20世纪80年代自动化才开始对劳动力市场形成实质性冲击。然而时至今日，自动化仍然局限于程序员可以用计算机代码表达清楚的某些基于规则的活动（rule-based activities）。

讨论机器学习的最新进展让我们今天聚集一堂，所以我想无须在此向各位证明自动化正以燎原之势扩散到各行各业。从本质上看，基于规则的计算时代所采用的自上而下的编程方式，如今已不再适用于自动化的需求。相反，如果一名程序员要指定一项计算机技术在任何意外情况下都能应付自如，计算机现在已不再需要基于过去的规则，而是可以通过大数据所提供的“范例”或“经验”来推导出规则本身。众所周知，为了在比赛中击败围棋世界冠军，AlphaGo在训练过程中总结了来自16万名专业棋手的3000万手对弈数据。因此，它的经验远远超过任何一名职业围棋选手。

通过这样的方法，计算机已经在学习如何执行各种非规则性的任务，比如诊断疾病、撰写简短的新闻报道以及驾驶卡车，这些事情在十年前还被视为不可能实现自动化的任务。为此，我和米歇尔·奥斯本（Michael Osborne）以及牛津大学工程科学系的一个团队早在2013年就开始探讨机器学习时代自动化的潜在范围（Frey & Osborne，2017）。鉴于近年来自动化进程所向披靡，我们不禁要问：尽管机器学习技术正在突飞猛进，但还有哪些领域的自动化技术仍然差强人意？广而言之，我们发现人类仍然在以下三大领域具备优势——创作活动、复杂的社会互动以及对不规则对象的感知和操控。比如，为了遴选那些可以模仿人类互动的顶尖技术，在罗布纳奖（Loebner Prize）—— 一项图灵测试比赛——的评比过程中，参赛的聊天机器人力图让人类裁判相信他们正在与一个真人聊天。

一些权威人士认为，人工智能技术在2014年的罗布纳奖评比活动中取得了重大突破，当时一个聊天机器人假装自己是一名英语为第二语言的男孩，并成功地让30%的评委相信了它是一个真人。但如果考虑到我们日常工作中人与人之间的实际互动——比如劝导别人、帮助和照顾客户、管理团队等——远比罗布纳竞赛场景更为复杂多样，算法技术仍然难以替代人类去完成此类任务。

在面对许多看似简单的任务（如感知和操控不规则物体）时也是如此。我们不妨想一想，早在20多年前，IBM的“深蓝”（Deep Blue）就击败了国际象棋大师卡斯帕罗夫（Garry Kasparov），但即使到现在也没有任何机器人能够从地上捡起一枚棋子并把它擦拭干净后再放回棋盘。同样，许多需要与非结构化环境和不规则对象进行互动的工作若要实现自动化也实属不易。例如，我们最不可能实现自动化的事情之一就是物业管理员的工作。

在某种程度上，我们可以通过简化任务来规避这些瓶颈。例如，为了实现洗衣自动化，我们并没有制造一种既能将木柴和水搬进家门同时又能够搓洗衣服的机器人，而是通过发明电动洗衣机来完成一项与搬运工作完全不同的任务，并且能够将衣服洗得干干净净。同理，我们也并未制造一种能爬上灯柱的机器人来使点灯人的工作自动化。许多评论员之所以低估了自动化的潜在范围，原因之一是他们认为一项技术必须能够百分之百地模仿人类去执行各种任务。然而，这种情况很难出现，完成简化的任务才是绝大多数自动化的目标。

我们在2013年发表的一篇论文中得出的结论是，预计美国大约会有47%的岗位将实现自动化。我们的这项结论经常被误认为是指所有这些工作都将在几十年后消失并导致很多人失业。但其实我们并不是这个意思。我们的研究结果表明，从技术能力的角度来看，如果我们拥有精密的计算机控制设备和丰富的大数据积累性，目前的工作岗位大约有一半可以实现自动化。

现在也有不少人认为我们不应该过于担心自动化，因为自动化能够完成的很可能只是一些单项任务而不是全部工作。然而，有许多工作岗位——如电梯操作员、点灯人、电话总机接线员、农场工人和洗车工等——在过去已经彻底实现了自动化。更重要的是，不少研究都表明，在自动化任务密集的行业，其就业人数最近几十年一直呈下降趋势。诚然，许多工作岗位只是发生了改变而不是永远消失，但从被影响者个人的角度来看，生活可能就会由此失去保障，因为转行通常意味着他需要学会成为一个完全不同的打工者。

我们再次以银行柜员为例，尽管ATM数量激增，银行里面仍有许多人在做柜员。但是从20世纪70年代开始，银行柜员的技能开始被视为冗余，只会办理存取款的银行柜员在现代银行中几乎找不到工作。今天的柜员更像是一名银行分支机构的客户经理。另外一个例子是，进入20世纪后，假如你要介绍一个工人到现代农场工作，他（她）有可能第一次接触到拖拉机、汽车、挤奶机、电力、计算机以及GPS技术这类新鲜事物。雇主至少需要花数月甚至数年的时间来培训那个工人。从表面上看，他们的职业仍然是农场工人，但实际上他们从事的是一份与过去完全不同的工作。

不过必须指出的是，即使整个职业都消失或其工作内容变得面目全非，这也并不意味着工作的终结。

第一，新的工作和任务会随着自动化的推进而不断涌现。1750年工业革命爆发时催生的工作岗位如今几乎消失殆尽；而像机器人工程师、数据库管理员和计算机运维专家这类工作，在20世纪70年代的职业分类中尚无一席之地，如今却成为了炙手可热的职业。今天的科技行业虽然没有像20世纪“烟囱工业”（Smokestack Industries，指大型制造、矿产、石化等重工业）那样直接雇用更多的工人，但它们确实带动了许多低技能的服务工作，因为那些在计算机帮助下具备高技能的高收入人群，他们需要许多人——比如物业管理员、园丁、理发师、健身教练等——为其提供服务。

第二，即使许多岗位可以自动化，这也并不一定意味着它们立刻就会实现。确定自动化的进程和范围，除了技术本身以外，还要受制于诸多其他因素。比如监管规则、消费者偏好以及资本和劳动力之间的相对成本等，都是影响自动化实施的重要考量。技术应用绝不可能一蹴而就，必须循序渐进。我们应当记住一个重要的事实：直到1900年，美国仍然有40%的人口还在农场工作，如今，这个比例已经下降到不足2%。因此，从历史的角度来看，当前自动化的潜在范围可能并非像人们担心的那样无所不及。

第三，技术并不是一种势不可当的力量，尤其是当它以资本的形式替代工人的时候。技术进步最终取决于社会对它的接受程度。一旦它威胁到人们的就业和收入，对技术变革的推广就会遭到抵制。

当我在2013年第一次宣读我们的论文时，在座的一位经济学家不屑一顾地说："这不还是跟英国工业革命一样嘛？……当时机器取代了许多工作岗位不也很好吗？"他的评论意在暗示，今天的机器人也将使我们变得更加富有，可以让人们获得收入更高的工作——正如技术进步在过去所带来的好处一样。然而，过去的好处其实是一个跨越了200年的漫长故事，短期而言则可能是另一回事。而经济学家所谓的短期，对某些人而言可能就意味着一辈子。

如果我们回到工业化的早期，当时机械化工厂取代了家庭经济，中等收入的手艺工作逐步消失，劳动力收入所占份额日益下降，工厂利润猛增，收入差距扩大。诚然，在手艺工作减少的同时，工厂也创造了新的就业机会，但这些新增的工作大都由童工承担。事实上，工业化初期的纺织机器就是专门为儿童设计的。这些童工犹如工业革命时期的机器人，除了薪酬微薄，他们还会严格遵守工厂的纪律。在机器的帮助下，童工取代了薪酬不菲的成年熟练工。这些成年人失去收入后，他们的生活水平也随之下降。

从这个角度来看，令经济学家和经济史学家们大惑不解的是，既然工业革命降低了手艺人的"效用"，为何这些人还会接受这场革命。这其实是一件无可奈何的事情。当时的工人并不缺乏凝聚力，愤怒的工人揭竿而起，在各地掀起了反抗机械化工厂的运动。英国政府的回应是调集军队镇压暴动分子，一支由12000人组成的庞大军队被派去镇压卢德派，其规模之庞大，甚至超过了1808年威灵顿抗击拿破仑时所率领的军队。在悬殊的实力面前，手艺人不得不屈从于工业革命。

从经济学角度而言，伴随着20世纪80年代计算机革命而掀起的自动化浪潮，在许多方面都映射出英国工业革命的情景。从计算机时代开始，中等收入工作岗位逐步消失，工资停滞不前，劳动力收入所占的比例一直在下降。现在有许多文献都在讨论贸易和技术冲击及其对人们生活社区的影响。经济学家发现，那些面临中国进口商品竞争和机器人广泛应用的领域已经遭遇到严重的失业压力。在制造业工作岗位大量消失的地方，公共服务恶化，医疗水平下降，犯罪率上升，结婚率下降。生活在这些地方的人并未享受到贸易和技术带来的好处——事实上，他们的处境每况愈下。

那为什么此轮自动化进程并没有像工业革命时期那样引发人们对技术的抗争呢？从某些方面看，抗争其实已经发生。需要澄清的是，我当然不是在暗示自动化是导致唐纳德·特朗普赢得2016年大选的唯一原因。但是，假如当时美国为那些缺乏技能的人提供了充足的高薪工作岗位并不断提高工人的工资，我们相信特朗普很难赢得那场大选。特朗普的支持者，主要就是那些近几十年来“走背运”的人。在20世纪80年代计算机革命之初，人们不上大学也能在制造业找到有体面报酬的工作。随着这些工作岗位的消失，曾经在制造业领域拥有大量工作机会的非技术人员开始感受到自动化冲击所带来的切肤之痛。

1992年以来，美国机器人技术应用程度最高的三个州——威斯康星州、密歇根州和宾夕法尼亚州——在每次大选中都把票投给了民主党总统候选人。而在2016年的大选中，这三个摇摆州倒向了共和党的特朗普。事出反常必有妖。我和索尔·伯格（Thor Berger，瑞典隆德大学经管学院经济史系教授）以及陈钦奇（Chinchih Chen，牛津大学马丁学院工作未来课题研究员）合作的一项研究发现，如果不是在奥巴马总统的第二任期（2013年1月至2017年1月）机器人应用程度大幅提高，2016年大选中这些摇摆州都会投票支持希拉里·克林顿，从而使她在选举团中获得多数票（Frey等，2018）。

人们对自动化本身的态度也一直在变化。2017年皮尤研究中心（Pew Research Center）发布的一份调查报告显示，58%的美国人认为，企业在用机器取代人类工作岗位时，其数量应该有所限制；85%的人认为，自动化的岗位应该限于那些有危险性的工作。由此可见，那些缺乏技能的人更倾向于限制自动化（Gramlich，2017）。

正如我在《技术陷阱》（*The Technology Trap*）一书中所说，自动化的渗透性以及人们对它的反应将共同决定自动化未来的步伐（Frey，2019）。绝大多数经济学家和权威专家可能会同意，如果抛开政治经济因素去思索全球化的未来无异于隔靴搔痒：特朗普政府与中国的贸易摩擦显然改变了游戏规则。同样，如果人们看不到自动化带来的益处，机器人就很可能像全球化一样成为政治攻击的目标。许多美国人已经呼吁限制自动化，而民粹主义者最终可能会提供这样的政策方案。

当然，目前的经济趋势不可能无限期地持续下去。但我们有充分的理由认为，那些缺乏一技之长的人在未来几十年中仍将看到自己的收入潜力持续弱化。我们估计，低技能、低收入的工作最容易受到当前机器学习技术发展的冲击。对于今天已经进入劳动力市场的这一代人而言，即使下一代上大学并且成功掌握新的技能，那也无济于事。

在英国工业革命时期，普通英国人足足花了70年的时间才终于享受到机械化工业所带来的红利。当许多人因为机械化而走背运时，他们就会激烈地反对引进新机器。我们都知道，卢德派就曾将机器视为水火不容的死敌。只有当工人们逐渐掌握了相关技能后，他们才能感受到技术进步的好处，抗争也会从此偃旗息鼓。

因此，与工业革命时期的机械化一样，此轮自动化革命也并非异乎寻常的事情，我们大可不必惊慌失措。

## 参考文献


- Frey, C. B. (2019). *The Technology Trap: Capital, Labor, and Power in the Age of Automation*. Princeton, NJ: Princeton University Press.
- Frey, C. B., Berger, T., & Chen, C. (2018). Political Machinery: Did Robots Swing

the 2016 US Presidential Election? *Oxford Review of Economic Policy,34*(3), 418–442.

- Frey, C. B., & Osborne, M. A. (2017). The Future of Employment: How Susceptible are Jobs to Computerisation? *Technological Forecasting and Social Change, 114*, 254–280.
- Gramlich, J. (2017). Most Americans Would Favor Policies to Limit Job and Wage Losses Caused by Automation. *Pew Research Center*. Retrieved from http://www.pewresearch.org/fact-tank/2017/10/09/most-americanswould-favor-policies-to-limit-job-and-wage-lossescaused-by-automation.

# IV.

# 人工智能的可能性与局限性

10

What Computers Will Never Be Able To Do

# 计算机永远做不到的事情

□ 托马斯·托泽［伦敦全球研究中心］

**作者简介：**托马斯·托泽（Thomas Tozer）于2015年毕业于伦敦经济学院，获得哲学和公共政策硕士学位。此后他一直是伦敦全球研究中心和代际基金会（Intergenerational Foundation）的研究人员，并在英国内务部担任政策顾问。在工作之余，他还经常参与天空新闻频道的节目，并在BBC第五频道现场讨论政府政策对年轻人的影响。他发表的文章主要有《提高年轻人的选举投票率》(Increasing Electoral Turnout Among the Young)《新的代际契约》(A New Intergenerational Contract）以及《英国退欧、民主和代际正义》（Brexit, Democracy and Intergenerational Justice）。本文标题受德雷福斯《计算机仍然做不到的事情》启发。

1948年，计算机革命的先驱约翰·冯·诺依曼（John von Neumann）声称：只要有人告诉他有什么事情是计算机做不到的，并向他准确地解释这究竟是一件什么样的事情，那么他就一定能够造出一台机器去完成这件事。诺依曼的豪言壮语遭到许多科学家和哲学家的强烈驳斥。他们回应说，有一样东西是人类所特有的，无论是诺依曼还是其他人都不可能通过计算机予以复制——这就是意识。他们说得对吗？

弱人工智能（Weak AI，也称狭隘人工智能或应用型人工智能，指的是专注于解决特定领域问题的人工智能——译者注）的支持者认为，经过适当编程的计算机可以"模拟"有意识的精神状态，比如自我意识、理解或爱，但永远不可能实实在在地"体验"到它们；就此而言，计算机没有意识，因此也绝不可能有自我意识，更不会真正"理解"或"爱"任何东西。"强人工智能"（Strong AI，又称通用人工智能或完全人工智能，指的是可以胜任人类所有工作的人工智能——译者注）的支持者则相反。他们声称，计算机一旦拥有适当的程序，它就会具备意识，从而能够体验到有意识的精神状态。

意识到底是什么？哲学文献通常引述托马斯·纳格尔（Thomas Nagel）的只言片语：如果一种生物是有意识的，那就应该具备这种生物所独有的体验。纳格尔的例子就是"成为一只蝙蝠会有什么样的体验"（What is it like to be a bat?，1974）。因此，一种独特的主观体验成为判断是否具备意识的必要且充分的条件。任何主观的体验，无论是痛苦还是快乐、情感上的还是精神上的——也就是说我们所有的体验——都属于意识。

计算机将来会有意识吗？如果按照丹尼尔·丹尼特（Daniel C. Dennett）等哲学家的说法，心灵（mind）本身只不过是一台极其先进的机器——一台被称作大脑的机器（Dennett，1991），那么原则上我们就有理由认为，总有一天我们会制造出一台能够模仿大脑及其所有功能的机器。这一观点的思想基础来自休伯特·德雷福斯（Hubert Dreyfus）在其著作《计算机仍然做不到的事情：对人工智能的批判》（*What Computers Still Can't Do: A Critique of Artificial Reason*）提出的"生物学假设"和"心理学假设"：大脑就像一台非常先进的计算机，而心灵就像计算机软件；心理活动可以归结为一种符号操控，就像一台设备按照一套正式规则对一些零星信息进行处理（Dreyfus，1992）。如果这些假设是正确的，那么我们就可以期待有朝一日出现一台极其先进的计算机，它能够像大脑一样操控各种符号，从而产生意识。

约翰·塞尔（John Searle）在其论文《心灵、大脑和程序》（Minds, Brains, and Programs）中用他著名的"中文屋论证"（Chinese Room Argument）对这一观点提出了强有力的挑战（Searle，1980）。在这个实验中，一名只会说英语的人被关在一个房间里，他手里拿着一本如何"操作"（manipulate）中文字符的英文说明书，通过传递纸条的方式回答屋外的人用中文写在纸条上的问题。屋内的人四周都是装满中文字符的盒子。按照操作指南，这个人能够在纸条上用中文字符写出正确答案并塞给屋外的提问者，并且答案看起来跟一个真正说中文的人所作出的回答毫无区别。这就类似于一台进行符号处理的数字计算机：说明书表示计算机程序，问题代表着输入，装满中文字符的盒子代表数据库，传递到屋外的答案相当于输出。

就这样，屋内这个人通过了图灵测试（The Turing Test）。英国数学家、"人工智能之父"艾伦·麦席森·图灵（Alan Mathison Turing）认为，如果一台计算机能够模仿人类的自然语言进行交谈，那么它就可以被称为智能计算机（Turing，1950）。但塞尔认为，屋内那人实际上对屋外的人用中文提出的问题以及他自己给出的答案都不知所云，由此证明计算机处理过程本身不一定非得需要理解。塞尔后来在论文《意识的问题》（The Problem of Consciousness）中将这一结论扩展到意识。他指出，"中文屋论证"表明，计算模型不必具备意识，语法也不完全代表语义（Searle，1993）。换句话说，虽然机器可以按照正式规则通过先进的符号操作来"模仿"意识（计算机最多也只能做到这一步），但它永远不会达到意识的高度。

人工智能领域的权威科学家雷·库兹韦尔（Ray Kurzweil）对此却不以为然。在《奇点临近：当人类超越生物学》（*The Singularity is Near: When Humans Transcend Biology*）一书中，库兹韦尔把塞尔的"中文屋论证"视为重言式（tautological）推论：塞尔先入为主地设定只有生物体才可能有意识并理解事物，然后断言计算机永远不可能“理解”任何事物。库兹韦尔认为，即使单个的组件没有意识，也不能就此认为这些组件按照大脑的复杂程度“集合”起来后也不会产生意识（Kurzweil，2005）。人的大脑就是这样活动的：单个的神经元并没有意识，一旦它们集合在一起，意识就会从复杂的神经元活动模式中涌现出来。他问道：同样的情况难道就不会发生在一个足够大的“中文屋”？也就是说，如果有数十亿人在一个巨大的房间内模拟大脑活动的不同过程，那为何不能说这样的系统是有意识的？

但库兹韦尔这种观点也难以令人信服。诚然，众人组成的集体也许看上去是依照“自己的心灵”行事。这是一个众所周知的社会学现象。早在19世纪末，法国社会心理学家古斯塔夫·勒庞（Gustave Le Bon）就在其名著《乌合之众：大众心理研究》（*The Crowd: A Study of the Popular Mind*）对此进行了阐述（Le Bon，1896）。但这样的“心灵”其实不过是一种比喻而已。库兹韦尔真的会以为许多人集合在一起就能产生一个单独的主观精神体验吗？如果是这样的话，需要多少人集合在一起才能产生意识？10个人，1000个人，还是100万人？既然意识的“存在”不是一种逐级产生的东西，那它就必须在有足够多人聚集时才突然出现；或者它也会在不经意间悄然出现——哪怕当时只有两个人聚在一起。但这两种可能性都是荒谬的。同样荒诞不经的是，通过组件拼凑而成的大脑和计算机仅仅因为聚合成一体就会产生意识（单一的主观体验）。

丹尼特则采取了完全不同的视角。在1991年出版的《对意识的诠释》（*Consciousness Explained*）以及2017年出版的《心灵的进化：从细菌到巴赫》（*From Bacteria to Bach and Back: The Evolution of Minds*）中，丹尼特声称主观意识体验实际上并不存在。对他来说，诠释意识就意味着无中生有的诡辩。丹尼特认为，主观体验是不科学的，因为科学需要的是客观性——是可以通过经验观察和测量出来的事物。因此，所谓主观体验纯属子虚乌有。

然而，丹尼特在这一点上遭到了来自纳格尔（2017）和塞尔（1995）等哲学家的强烈批评。他们认为，丹尼特从本质上歪曲了意识的概念并在很大程度上忽视了意识的主观性一面。正如塞尔（1995）所言："如果我有意识地觉得自己是有意识的，那么我就是有意识的。这并不是我想说的'直觉'问题。"塞尔也反对丹尼特关于意识不属于科学探索范畴的主张。他在《新世纪哲学文选》（*Philosophy in a New Century: Selected Essays*）中写道：尽管在本体论上意识可能是主观的（也就是说，根据它的性质，其存在只能通过有意识的个体去体验），但从认识论来说它却是客观的（通过调查可以证明确有其事）。既然科学探究的只是认识论的客观性，那么认识论的客观研究就完全可以拿一个本体论的主观实体作为调查对象（Searle，2008）。

此外，丹尼特的论点意味着将他所谓的科学一致性凌驾于现实生活中每个人最基本的常识之上：我们既能体验到主观的精神，也能感受到身体的状态。如果我们对真相感兴趣，丹尼特的这种偏见是难以自圆其说的——它流露出一种对科学的非理性偏执。因此，丹尼特对意识（作为一种主观存在）的否定也是一种无稽之谈。

尽管如此，塞尔还是承认人工智能总有一天会具备意识。他认为，我们的大脑就是通过生物程序产生意识，所以原则上没有理由认为我们制造不出有意识的机器；我们之所以到目前为止还没有制造出这样一台机器，只是因为我们尚未搞清楚大脑的活动机理而已（Turello，2015）。

制造有意识的机器是否真的会引发大卫·查默斯（David Chalmers）在其论文《面对意识问题》（*Facing Up to the Problem of Consciousness*）中所说的"意识难题"：物质性的东西（如大脑或计算机）怎么会产生主观性的体验——意识（Chalmers，1995）？丹尼特可能会这样回应：

作为一种非物质性的东西，意识根本就不存在。但是，我们对丹尼特的这种观点不敢苟同。库兹韦尔和塞尔等人则认为（尽管他们的看法略有不同），拥有意识的机器早晚会造出来，正如大脑一样，意识可以是物理程序的产物。下面我将对这种观点予以驳斥。

我认为计算机永远不会具备意识。我的观点包括三个前提（P1、P2和P3）以及由此得出的结论（C）。我的推论如下：（P1）各种形式的意识——比如理解、爱以及意识本身——都是非物理性的；（P2）一种物理性的东西不可能产生出一种非物理性的东西；（P3）计算机是物理性的东西；（C）因此，计算机不能产生意识。

显然，头两个前提容易引起争论。我们先从第一个开始吧。如果某对象是一个物体，那么根据定义它必须具有物理属性；反之，如果该对象没有物理属性，那它就不是物理性的。但一切有意识的精神状态都不具备任何物理属性。以爱为例，爱可以用非物理的方式来描述，比如祈祝他人幸福的"愿望"（wish）或者爱恋别人时的"感觉"（feeling）。但这些都不能用物理术语来描述，因为它们不具有任何物理性质，如大小、重量、形状、颜色、质地等，用这些术语来描述爱情是不可能的。

此外，为什么意识完全是主观的，而不是像普通的物体那样可以度量呢？最简单、最自然的解释是，意识有别于物质。意识和物质相关，但二者又是迥然不同的存在。正如塞尔所指出的，对于意识和普通物体之间本体上的差异，最好的解释就是它们在本质上的不同之处：一个是物质（物理）性的，一个是非物质（非物理）性的。除非它们各自的本性截然不同，否则无法解释为什么前者可见可闻而后者却化于无形。

认为意识与普通物体的本质差别在于前者是非物理性的而后者是物理性的，这种看法还考虑到我们身体上感觉器官——眼睛、耳朵、鼻子等——的能力与局限。这些器官能够观察到（比如看见或听到）各种物体——所有的物理性对象。但它们也仅仅能观察到物理性的东西而已。

例如，在适当的条件下（如适当的光线、距离、放大程度等），人们可以看见眼前的各种物体。但不管提供什么条件，他们都看不到任何非物理性的东西。因此，我们不能凭感觉器官观察到精神活动（无论他人的还是自己的主观体验——意识），也不能对其进行实际调查或度量，因为这些对象是非物理性的。就此而言，意识就是一种非物理性的存在。

但如何解释前提二：为什么一种物理性的东西不能产生一种非物理性的东西？理由是有些东西不能产生与其本身性质相反的东西。比如，水本身不能产生火，火本身也不能产生水。当然，如果把黄油和少量的水混合放在煎锅中加热可能也会着火，但水本身是不能着火的。同样，寒冷不能产生温暖，它可能引发一种化学反应从而导致温暖，或者说冷的粒子可以变热，但寒冷本身不会产生任何温暖。实际上，我们没有发现任何实例表明一种存在可以产生与自己本身性质相反的东西。因此，我们没有理由认为大脑能够做到这一点。也就是说，一种纯粹物理性的东西（比如大脑或计算机）不能产生一种完全是非物理性的东西（意识）。

需要注意的是，虽然上面的例子承认某种东西与其他事物相结合也有可能会导致与本身性质相反的东西，但像库兹韦尔这样的“强人工智能”支持者并不认为有必要具备这种非物理性的赋能物质。这一派的理论家认为，一种物体——而且单单是这个物体本身——就能够产生意识。这恰恰是我要反驳的观点。

最后，让我们来看看图灵的反对意见。1950年，图灵在他的论文《计算机与智能》（Computing Machinery and Intelligence）中表示：这项测试要求机器能够体验到快乐、创造性、痛苦等，以此确认它真正具备了智能（也就是我们所谓的意识）。整个测试过程都具有欺骗性。如果这个测试被应用到人类身上，他们也难以通过：我们其实也不能确定另一个人是否具备意识——只有她本人才能确认自己是有意识的。但如果我们不陷入唯我论，那么就可以避免在这个永远无解的问题上争执不休。正如图灵所言："与其在这个问题上纠缠不休，不如以人间常理度之。"因此，为了避免这种纠结，图灵建议我们放弃"机器是否会像人类一样具备意识"的争论。

然而，以"人间常理"来对待人工智能并不能令人信服。适用于人类的推理未必就适用于计算机。我们之所以要拒绝唯我论，相信人类实际上都具备思考能力，是因为我们自己有意识；又因为其他人似乎与我们是同一种存在且有着同样的生物属性和同样的体验，因此，他们理所当然也是有意识的。无论对于与人类截然不同的计算机而言，还是对那些看起来与人类外观相似但内部却完全有异的机器人来说，上述推论都难以成立。因此，我们有理由怀疑计算机是否有能力进行有意识的思考，而面对自己的同类我们却深信不疑。

## 计算机化对就业的影响

如果上述看法站得住脚的话，那么计算机永远不会具备意识，最多也就能做到"弱人工智能"那一步。最后，让我们简要讨论一下这一结论会对就业产生什么样的影响。

可以预料，尽管计算机永远不会具备意识，它仍将在许多工作岗位上与人类展开竞争甚至取代人类，其中包括那些需要认知能力的工作。以语言翻译为例：人类翻译必须努力掌握两种不同的语言，这样她才能理解一种语言所包含的意思，然后从另一种语言中找出最能表达这个意思的词句。而谷歌翻译却不认识或不理解任何语言，它所记录的只是数百万个可能出现的词序的频率。比如，法语和英语之间的翻译程序就是基于大量的法译英和英译法例句编制的。这些例句再结合各种符号操作机制，从而使计算机翻译成为可能——即使它的程序对两种语言所表达的意思一无所知。所以，尽管计算机不能理解任何东西，但在不远的将来，谷歌翻译就可以与人类媲美。

这类例子使得一些人认为机器人无所不能。例如，马丁·福特（Martin Ford）在《机器人的崛起：技术与大规模失业的威胁》（*The Rise of the Robots: Technology and the Threat of Mass Unemployment*）一书中写道，“即使那些我们原本指望专门为人类保留的职业也将岌岌可危”（Ford，2005）。

这是人类与机器的一场鏖战。虽然有些任务（如语言翻译）不需要有意识的精神状态就能完成，但也有许多任务是计算机难以胜任的。让我们看看以下三种心理状态：同情心、责任心和创作能力。如果没有意识，就不可能具备这三种品质，而许多工作都取决于这三种品质中的一个或多个。

首先我们来看看同情心。由于人工智能永远不会具备意识，所以它绝不会有同情心。不管计算机能够把同情心模仿得有多逼真，人们都会看穿计算机的“关怀”只是机械的，它并没有真正的同情心。机器可以学会通过某些外部指标——比如一个人的面部或语调变化——来识别某种特殊的情绪，但它的同情反应最多不过是一种“虚情假意”而已。当然，人类很善于拟人化，比如很多人爱恋他们的泰迪熊，还有一些人可能和机器人护工在一起时感到很开心。然而问题是，总有一些人（而且我怀疑是绝大多数人）只会接受一个真正有爱心的护工，而这样的工作是“弱人工智能”难以胜任的。

接下来谈谈责任心。社会上的许多角色通常只会让有责任心的人来担任，比如法官、警察和政治家。人工智能也许能帮助这些人作出决定，但实际的决定都应由具有强烈责任心且勇于担当的人来完成。谁也不会接受一个动辄将自己的错误决定归咎于计算机算法的法官，这样的法官可以说是毫无责任心和担当勇气。对责任心的需要也体现在交通运输岗位。例如，如今的航空飞行操控已经完全自动化，但由于飞行是一件人命关天的大事，乘客不愿意把自己的生命安全放心地交给既不能担责也没有责任心的计算机算法来掌控，因此我们看到现在飞机上都会配备至少两名（人类）飞行员。

最后说一下创作能力。我们不妨以大卫·柯普（David Cope）的“机器作曲家”为例，它可以模仿特定作曲家的风格创作音乐。这位“作曲家”的模仿能力如此高超，以致很多听众被它的“作品”感动得泪流满面，他们形容其作品跟其他古典音乐别无二致。这是否表明艺术创作领域的岗位也面临机器替代的风险？其实我们根本不用担心。因为机器的这种“创作能力”完全是人为的：它受制于人类的创作能力，是人的作品通过编程被输入给了机器。因此，人工智能“机器作曲家”只有在人类给它灌输了优美的音乐——由人类谱写且被人类视为优美的音乐——之后才能“创作”出优美的旋律。“机器作曲家”缺乏有意识的精神状态，它可以模仿，但绝对不会“创作”和“虚构”，或者说不能“想象”已有作品之外的东西。因此，机器永远无法与那些真正能够创作音乐或者其他原创艺术作品的人相提并论。

综上所述，人工智能特别是“弱人工智能”的进步的确将威胁到许多工作岗位，但不会是全部。因为计算机永远不会有意识，而对于那些需要有意识的精神状态（比如同情心、责任心和创作能力）的工作岗位，无论是计算机还是已经能够模仿这些精神状态的人工智能机器人，它们都将难以超越人类。

## 参考文献


- Chalmers, D. J. (1995). Facing Up to the Problem of Consciousness. *Journal of Consciousness Studies, 2*(3), 200–219.
- Dennett, D. C. (1991). Consciousness Explained. Boston: Little, Brown.
- Dennett, D. C. (2017). From Bacteria to Bach and Back: The Evolution of Minds. London: W. W. Norton.
- Dreyfus, H. L. (1992). What Computers Still Can't Do: A Critique of Artificial Reason (Rev. ed.). Cambridge, MA: MIT Press.
- Ford, M. (2015). The Rise of the Robots: Technology and the Threat of Mass Unemployment. New York: Basic Books.
- Kurzweil, R. (2005). The Singularity is Near: When Humans Transcend Biology. New York: Viking Penguin.
- Le Bon, G. (1896 [2001]). The Crowd: A Study of the Popular Mind. Kitchener: Batoche Books.
- Nagel, T. (1974). What Is It Like to Be a Bat? *The Philosophical Review, 83*(4), 435–450.
- Nagel, T. (2017, March 9). Is Consciousness an Illusion? *The New York Review of Books*.
- New Scientist (2017). Machines That Think: Everything You Need to Know About the Coming Age of Artificial Intelligence (N. Bostrom, N. Christianini,J. Graham-Cumming, P. Norvig, A. Sandberg, T. Walsh, contributors,D. Heaven & A. George, Eds.). New Scientist.
- Searle, J. R. (1980). Minds, Brains, and Programs. Behavioral and Brain Sciences, *3*(3), 417–424.
- Searle, J. R. (1993). The Problem of Consciousness. Consciousness and Cognition, *2*(4), 310–319.
- Searle, J. R. (1995, December 21). ' The Mystery of Consciousness': An

Exchange. *The New York Review of Books*.

- Searle, J. R. (2008). Philosophy in a New Century: Selected Essays. Cambridge: Cambridge University Press.
- Turello, D. (2015). Brain, Mind, and Consciousness: A Conversation with Philosopher John Searle. *Library of Congress*, March 3. Retrieved from https://blogs.loc.gov/kluge/2015/03/conversation-with-john-searle/.
- Turing, A. M. (1950). Computing Machinery and Intelligence. *Mind*, New Series, *59*(236), 433–460.

# 11

Possibilities and Limitations for AI: What Can't Machines Do?

# 人工智能的可能性与局限性：机器不能做什么？

□ 西蒙·科尔顿［伦敦玛丽女王大学电子工程与计算机科学学院、莫纳什大学信息技术学院SensiLab实验室］

**作者简介：** 西蒙·科尔顿（Simon Colton）是伦敦玛丽女王大学电子工程与计算机科学学院的教授，同时也是澳大利亚莫纳什大学信息技术学院SensiLab实验室的研究员，专攻计算机创作（Computational Creativity）问题。此前曾任伦敦帝国理工学院计算机系副教授，并担任帝国理工学院计算机创作研究小组的负责人。他主导设计了一个名为“绘画傻瓜”（The Painting Fool）的电脑程序，并希望将其训练成一个真正具有创作能力的“艺术家”。

本文将探讨人工智能在未来工作中的局限性与可能性。以我之见，我们可以并且应该从实际而非哲学的角度去看待那些已经在工作场景中得到应用的智能算法，踏踏实实地制定一个可以造福于广大劳动者而非仅仅是哗众取宠的中期发展规划，确保先进的人工智能系统由商业领袖和当政者善加应用。在此，我将首先讨论人工智能系统的局限性，然后介绍软件在我的研究领域——计算机创作——中的一些应用。我们在研究过程中开发的软件不仅可以激发灵感、充当道具，而且可以扮演共同创作者和完全自主的创作实体（Colton & Wiggins，2012）。

需要记住的是，人工智能研究主要是作为一门实验科学在进行，这跟物理和化学十分相似。大部分人工智能研究人员的工作都是自下而上推进，也就是说，研究那些我们认为人工智能系统能够解决的现有问题，以一种通用的方式改进底层算法，从而有效获取更好的解决方案。另外也有一些像我这样的研究人员，通过提出并钻研一些新的、有一定难度的自动化智能任务——如数学发明、虚构故事或者视频游戏的创作——从外部倒逼人工智能进步。大多数研究人员将技术与这些技术被应用于社会时的道德考量截然分割。也有一些研究人员（包括我本人在内）则试图融入那些采用自己软件的文化社区，因此十分关注人工智能应用过程中所引发的社会道德问题，而这些问题之前仅仅存在于人类活动之中。

同样值得注意的是，计算机系统并不是人类。在这个拟人化盛行的时代，许多人（包括一些人工智能研究人员）说起人工智能系统就好像它们是某种“准人类”（subhuman），而不是与人类迥然相异的信息处理系统。通常，将人工智能系统与人类进行盲目比较会导致把人类属性不适当地投射到软件或机器人上。在讨论机器的意识时，我经常提起手指甲自动生长的问题，这对人而言非常有用，但对计算机来说则显得荒唐可笑。这就说明了一个事实，那就是人类和计算机真的很不一样，我们不需要用计算机去模拟人性中的所有东西。不仅如此，软件甚至无须借助人的意识也照样可以具备惊人的智力和意向，并且有益于人类社会。

我反对将“机器不能做什么”这个假定前提当成此次研讨会的出发点。诚然，迄今为止，人类智力的许多特征几乎很少甚至根本没有相应地融入到当今的人工智能系统中，但是，我始终找不到确凿的理由来断定计算机软件在未来会不会具有酷似人类（甚至超人类）的智力和栩栩如生的特征。我们可能很难在计算机中嵌入“灵魂”之类的东西，但我想这是因为我们自己都没有弄清楚这些术语的含义，更不用说去向人工智能机器解释这些术语了。在我看来，那些以人为中心的术语，如创造力和意识，最终将通过更透彻的研究而大白于天下。我们已经开始接受人类并非智慧宇宙中心的观点，同样，我们最终也会对创作或有意识的行为形成一种更加宽泛的概念，其中也将涵盖计算机的相应能力。

包括我在内的许多工程师都很乐意听到业外人士提出一些善意的观点。比如，他们认为软件永远不可能具备创作能力，因为计算机缺乏意向性（intentionality），它们只会根据已经出现的问题编写代码并生成一套自治系统——但这种自治系统恰恰证明业外人士的善意观点难以自圆其说。尽管这样的辩论是促进人工智能研究的一种强大动力，但我相信，认为技术固有的局限性会限制软件所能够达到的智力水平，这种想法未免过于幼稚——除非社会希望如此。不过，虽然我是坚定的技术拥护者，但同时我也是一名现实主义者。我认为，要实现上面所描述的那种有创作能力的人工智能系统仍有待时日，此外还要考虑到社会是否愿意接受人工智能系统所展示的某些原本被视为人类独有的品质特征。

我们家兄弟两人都是在1969年美国科学家登月后不久出生的。在成长过程中，我们一直坚信有朝一日会飞行到月球甚至更遥远的星球度假，但时至今日这个梦想依然遥不可及。鉴于目前人们疯狂炒作人工智能系统的能力，我三岁的女儿也许会期待自己长大后有个机器人成为她在大学里的闺蜜。但遗憾的是，到时候她很可能也会像我和她叔叔一样大失所望。得益于过去十年来深度学习技术（Deep Learning）的进步，人工智能系统的功能迈上了新的台阶。尽管如此，当前人工智能系统的智力尚远不及新闻界、政客和哲学家们所宣传的那样强悍。炒作是可以理解的：技术领导者必须极力夸大人工智能系统改变生活的能力，只有这样才有机会在当前获得风险资本的青睐；记者在报道人工智能项目的成果时危言耸听，目的在于与竞争对手争夺点击量；为了使自己扬名立万，政客和哲学家在谈论人工智能时需要发表一些极端和跟风炒作的言论，以显得他们的观点切中时弊。

随着世界上最聪明的人纷纷加入人工智能的开发工作，近年来该领域的进步显著加快，我衷心希望真正聪敏的人工智能系统可以尽快为社会带来福祉。然而，过去的种种迹象表明，人工智能的发展依然举步维艰。记得上一次媒体热议人工智能系统在棋类上的精彩表演还是20多年前“深蓝”与国际象棋大师卡斯帕罗夫的对弈，每念及此不禁黯然神伤（但实际上，2016年和2017年，由谷歌旗下DeepMind公司科研团队开发的AlphaGo先后以压倒性优势击败围棋世界冠军李世石和柯洁，并在一个赛事上保持连胜60场的战绩，一度令全世界对人工智能的深度学习技术进步叹为观止。目前，围棋界公认AlphaGo的棋力已经远超人类顶尖棋手的水平——译者注）。况且——恕我直言——棋类对弈并非什么特别重要的事情，它不过是人们的一种消遣活动而已，根本不值得如此宣扬和推崇。真正值得尊重的是那些致力于探索宇宙普遍规律的人工智能研究人员。我们（人类社会）热爱国际象棋和围棋，只是因为这种对弈充满挑战性，只有殚精竭虑领悟对弈的精髓才能成为有别于菜鸟的大师，而我们褒奖的正是大师们在这个竞争激烈的人类社会中所表现出的拼搏精神。我们（人工智能研究人员）之所以爱好国际象棋和围棋，恰恰是因为下棋对软件而言是一件相当轻松的事情：一个封闭的棋盘世界、简单的规则、摆在明面上的竞争，这些条件对于施展人工智能技术的特长真是再理想不过了。毫无疑问，棋类对弈将继续成为人工智能发展的强大驱动力。

因此，我们应该更现实地看待人工智能取得的最新突破，例如，谷歌DeepMind公司开发的AlphaGo Zero系统所展现的超人类的围棋对弈能力。这一次是软件通过与自己反复对弈，从零起步，“自学”成为一名特级大师，这不能不说是一项巨大的成就。但我们也不能因为这一里程碑式的进步而对人工智能产生过多的期盼。不过值得庆幸的是，这个水平的超人类智能还不至于对人类的工作岗位产生负面影响。那些在棋盘上展现了“英勇搏斗”这一优秀品质的世界冠军们，也不会因为有软件可以打败他们而怅然若失。不仅如此，像AlphaGo这样的人工智能系统击败世界围棋冠军的奇观，非但没有降低人们对围棋的兴趣，反而使围棋受到越来越多的关注。例如，在2016年AlphaGo大获全胜后，世界上很多地方的围棋立即销售一空（Shead，2016）。

对于人工智能更明智的看法是，它应该拓展到设计更多的软件，以替代律师、医生、科学家、记者等职业的部分工作。人工智能领域的大多数业内人士都赞同这样的观点，但媒体和学术圈的一些人士却对此莫衷一是。而尼克·博斯特罗姆（Nick Bostrom）《超级智能：路线图、危险性及应对战略》（*Superintelligence: Paths, Dangers, Strategies*）这样的书又进一步助长了各种猜测。他在书中清楚地表明，自己的哲学探讨纯属推测，但有一点例外：人工智能的“超级智能”必定而且很可能会以闪电般的速度出现（Bostrom，2014）。虽然这是一个引人入胜且司空见惯的科幻小说素材，但不幸的是，它只是一门糟糕的虚构科学而已。在我认识的人工智能研究者中，没有迹象表明我们能在一夜之间获得“超级智能”。据我所知，迄今为止，对于所谓的“通用人工智能”（artificial general intelligence，AGI，也被称为“强人工智能”），谁也没有给出一条合理的路线图，即便是部分指标取得了一定进展，也仍然面临诸多争议和质疑（Goertzel，2014）。

在此，我们有必要反驳博斯特罗姆关于“超级人工智能”时代即将来临的几个想法。其中一个就是递增式自动化人工智能系统（incremental automated，AI）。该系统可以使一种人工智能向另一种更聪明的人工智能学习，而后者也是在学习比它更聪明的人工智能后生成的。如此循环往复，该系统的智能就会一步步增强。不幸的是，这种想法纯属人工智能菜鸟们的天方夜谭，它存在一个类似“鸡和蛋”的困惑。在现实生活中，你需要凭着人类级别的智力才能设计出那些看起来依然非常幼稚的人工智能软件。你不能指望一个非常愚蠢的人工智能软件会生成一个连最聪明的人工智能专家都难以研发出来的“更智能的软件”。实际上，我本人就是研究人工智能系统自动化软件工程的，我相信人工智能系统可以编写出真正有实用价值的代码，我也相信有人会解决“鸡和蛋”的问题，但我现在对此束手无策，而且我怀疑仍需要等待很长时间，直到人工智能系统的科学和工程领域取得许多重大突破后才能解决这个问题。

博斯特罗姆提出的另一种构想是，人工智能系统可以自动进化出与人脑相似的“类人脑结构”（brain-like structure）。他在分析过程中使用了大量的数字运算，旨在大致推测进化出类似人脑的东西将需要多长的时间。但他忽略了一个重要的事实：大脑（以及我们身体的其他部分）是在自然环境中进化而成的，一般来说，只有最适应环境的个体才能存活下来并把他们的基因信息传递给下一代。现在我们尚不清楚进化出“超级智能”需要什么样的环境（无论真实的还是模拟的），但有一点可以明确，这种适应性测试将是一个漫长而艰难的过程，需要用地质时间尺度（geological timescales）而不是技术时间尺度（technological timescales）来衡量。虽然人工智能系统日新月异，但要进化出一个“类人脑结构”，其时间之漫长将超乎我们的想象。因此，我们讨论人工智能在工作场所中的应用时不必考虑这种“类人脑结构”的影响，除非我们也像博斯特罗姆那样沉迷于科幻小说。

综上所述，人工智能系统能否聪明到足以在工作场所替代人类，其技术限制不在于基础的理论问题，而是取决于计算机智能领域科学探索的进度以及工程系统如何充分利用这些技术突破。若是10年后我们每天看到自动驾驶汽车在大街小巷穿梭往来，我不会感到稀奇；而如果再晚

50年才出现这种情景，我也会觉得合情合理（Tschangho，2018）。

鉴于社会上对自动化的普遍关注，人工智能在工作场所的应用受到诸多限制也可能是出于自律。但可以肯定的是，随着人工智能系统能力的提高，它将逐渐替代人类去执行各种智能任务。为了强调这个问题的重要性，下面我将介绍一个被称为“新型幸运儿”的思维实验。尽管勉为其难，我们通常还是能接受社会上各式各样的幸运儿，无论他们是中大彩的人还是富二代。在自动化的时代，我们不妨想象一个公司老板突然宣布：“本周的幸运儿是会计部的琼·史密斯，因为她的工作已被自动化了。”该场景中的幸运儿有三个选项：全薪永久离职；待在自己目前的工作岗位上继续做事；转到本公司另外一个更适合自己并且可能也更有趣的新岗位。对公司来说，虽然为员工购买办公自动化软件会导致一笔开销，但运营成本（当然是24小时运营）会大幅下降，因此继续向“幸运员工”支付薪酬对公司形成的财务影响属于中性。

这个思维实验最后留下的思考题是：面对这样的情景，哪种选择是错的？我们不难发现，所谓的幸运儿其实是一个倒霉蛋，因为在我们当前的资本主义社会中，这意味着她遭到解雇，公司将把省下来的钱用于再投资，老板和股东能赚到更多的钱。当然，社会应当要求自动化具备道德风范，并迫使政客们以立法的形式来维护这种道德。然而，现实情况恰恰与之相反。例如，某些出租车公司似乎把人力纯粹当作一种临时替代物，目的是为研发筹集风险资本，以便将来大规模推出无人驾驶汽车，最终让公司的人力司机通通下岗（Price，2019）。

我的观点颇具乌托邦色彩。我认为，工薪阶层之所以拼命工作，他们大多为环境所迫（对此我们不妨认真看看自己周围的工作世界），而自动化可以使人类从毫无意义的苦差事中解脱出来。这个看法或许比较天真，而且也存在很多问题。显而易见，自动化给社会带来长期利益的同时也会造成中短期的失业问题，随之而来的是工薪阶层收入减少、自尊心受损和福利下降。作为一个社会群体，我们可能会为了追求不切实际的福利而罔顾眼前的困难。在我们几乎无力照顾病人或教育年轻一代的情况下，实行每周三天工作制、鼓动推行“全民基本收入”计划或增加国民保险以使失业者过上安逸的生活，难道我们真的有本钱支撑这些福利措施吗？然而，假如我们能够弱化资本主义价值观，有节制地推广人工智能系统在工作场所的应用，也许这些措施都没有必要。

对于技术的发展前景，虽然我们通常寄望于科学家和技术领导者，但我们也可以期待艺术方面的指导。我一直在参与一些与人工智能有关的文化项目，其中利用人工智能生成的虚构创作已成为伦敦西区音乐剧制作的基础（Colton等，2016）；人工智能生成的绘画作品在艺术画廊和博物馆中广为展出（Colton & Ventura，2014）；人工智能生成的视频游戏也已被纳入比赛并得到游戏爱好者的追捧（Cook等，2016）；人工智能生成的诗歌经常在BBC电台朗诵（Colton等，2012）。通过这些项目，我目睹了艺术界正在与时俱进，不断创造条件使艺术家能够利用计算机从事自己的工作；艺术家也把某些创作任务交给软件，使之成为名副其实的自动化人工智能“艺术家”，比如我那个名为“绘画傻瓜”（The Painting Fool）的软件系统（Colton，2011）。艺术领域的实践使我们可以更好地理解人工智能系统在那些以人为中心的领域所具备的优点和不足，从而有助于把这些理念从艺术领域移植到更为广阔的工作世界。

在这样的学术和文化背景下，我用另一个思维实验来说明我所从事的专业——计算机创作——正面临的几个问题。这个专业主要研究如何在艺术和科学项目中把创作任务交给软件来执行。特别值得一提的是，我曾经朗读了下面这首题为《分娩》的短诗，并与听众讨论“女作者”试图表达什么意思。

快乐，痛苦，此起彼伏。我的孩子啊！
你由我所生，也为我而生，伴随着我的泪水与恐惧。

然后我告诉听众，作者其实是一个男人。这立即改变了一些听众对作者意图的看法。接着我继续爆料：该男子是一名被定罪的恋童癖。随即听众对这首《分娩》的解读就变得有些阴暗了。后来我再次把作者身份改变为一个在运行过程中有人稍加指导的计算机程序，并请听众思考一下这首由软件创作的诗歌有何“意味”。此时，他们大都认为这首诗已经没有什么“意味”可言：软件对分娩一无所知，所以这首诗缺乏真情实感，是在无病呻吟。最后我揭开谜底，告诉听众这首诗其实就是我本人写的。我发现，随着作者身份的层层披露以及由此产生的作者真实性变化，我信笔写下的诗句对听众而言也大异其趣。

虽然目前我们尚未做到，但我相信随着人工智能系统产出的艺术作品质量不断提高，真情实感将成为艺术的焦点，围绕创作过程的背景故事也会增添作品的魅力（Colton等，2018）。例如，在特定模式下，“绘画傻瓜”可以根据它阅读《卫报》上的文章后所产生的虚拟情感来画肖像（Colton等，2015）。看到软件对《卫报》背景故事的反应以及屏幕上虚拟的手和画笔将肖像渐次呈现所带来的体验，远比艺术创作过程中对着模特临摹更加震撼和有趣。尽管如此，“绘画傻瓜”仍受制于背景故事的约束，其展现的虚拟情感也存在诸多局限。虽然我并不认为我们正在走向某种人机合一的“奇点”（singularity，原本是一个天体物理学术语，指研究宇宙起源时所推测的宇宙大爆炸的起始点。后来美国未来学家、谷歌工程总监雷蒙德·库兹韦尔提出“奇点理论”，其中的“奇点”是指人类与其他物种或物体的相互融合。确切地说，是指人工智能与人脑智能融为一体的那个神奇时刻——译者注），但我们的确有可能赋予软件越来越多“类人”品质，并最终欣赏到计算机和机器人通过其艺术作品所表达的逼真的生活体验。然而，这并不意味着机器人从此可以摆脱作为非人类物体的先天性约束。正因为如此，它们的艺术作品将始终有别于人类的创作，社会也将认识到最好的艺术品实际上就是对人性的颂扬。

如今许多人对人工智能生成的艺术品情有独钟，实际上每当新技术被用于艺术活动时都会出现这样的猎奇现象。不过，对于所谓的新生事物冲击，如果被善加利用也会结出优秀的文化硕果。为此，人们正在试图划出界线，厘清自动化能够做什么以及应该做什么。当然，这些界线最终会被跨越并逐渐模糊，世界也将由此变得趣味盎然。然而，艺术领域的一个突出特点就是以人为中心，这在自动化时代必将变得更加明确。我有时会把诗歌比喻为浓缩的人性：由人所写，为人而写，写的是人（Colton等，2012）。

言归正传，下面将谈谈自动化对各种工作活动的影响。跟前面的诗歌类似，有些事情我们可能只想把它们划归为只适合人类承担或以人为中心的工作。其中一项就是最近新闻报道中提到的老人护理工作。随着机器人护理员从科学幻想走进科学现实，日本和其他一些国家的机器护理员都已进入测试阶段（Hurst，2018）。在这样的工作领域，我们必须权衡利弊。随着其他工作岗位实现自动化，可能会有更多的人去从事护理工作，这对于改善老龄人口的保健服务大有必要。然而，也许有人会问，为什么真人就比机器人更适合照料老人？而且肯定还会有一种功利主义的观点认为使用机器人做护理总比没有护理强。因此，权衡利弊非常重要。在其他领域，也会出于别的原因需要破除“只有人才能做”的禁锢。我曾经提醒我的学生们，在电子表格出现以前，纸质分类账本都是由擅长算术和统计的人手工填写；然而，如今记账早已普遍采用计算机操作，它不仅使簿记实现了大众化、提高了准确度和效率，而且有助于将电子表格的应用范围扩大到生活的其他许多领域。虽然人类会计还在继续工作，但如果现在还有企业想雇人来从事手工填写报表或其他复杂的计算，大家一定会觉得不可思议。

关于工作和休闲，我曾在收音机里听到一个简单粗暴的定义，它已经影响到我对在社会上推广利用人工智能的思考。那个定义是：工作就是你乐意付钱请别人从事的任何活动，而除此之外的一切活动都是休闲。如果研究人员想了解人们的日常活动哪些属于工作、哪些属于休闲时，上述定义就显得颇具操作性。认为工作就是花钱雇人干的活，这个想法实际上给工作的定义设置了很高的标准，它促使人们去思考工作和休闲生活的质量。因此，这是一个相当主观的定义。例如，业余垂钓对许多人而言绝对是一项休闲活动，但假如我愿意花钱雇一个人拿根鱼竿在河边坐上好几个小时，对我而言这人就像是在为我工作。又比如，为自己的孩子换尿布这件事情，这是做父亲的本分，我不会花钱请人代劳；不是因为我喜欢做，而是我认为这件事本身似乎不值得花钱请人来做，尽管我尊重别人花钱雇人换尿布。我很幸运，因为我从事的有偿活动对我来说大都可以归于休闲，更幸运的是我的雇主从不利用这个事实来克扣我的工资。

在我看来，要确定一个工作场所是否适合推广自动化系统，首先可以询问员工他们的活动中有哪些可以归为工作、哪些可以归为休闲，然后设法使属于工作的那部分实现自动化，同时尽量创造机会增加休闲活动的比重。我以前曾经提到一个关于“标题党媒体”（clickbait journalism）的例子。一位此类媒体的前雇员在接受《卫报》采访时表示，他并不想当标题党记者，因为每天要做的事情就是必须在键盘上敲出几十篇低俗而空洞的短文。一旦这位特殊的记者选择跳槽，他就会被自动化系统所取代，因为软件系统现在已经可以照葫芦画瓢，将各种统计数据和第三方新闻报道娴熟地套用到标题党文章里面。当然这位记者也可以有第三种选择：他可以告诉老板自己其实很喜欢写一些有人情味的文章，并同意把利用软件撰稿节省出来的时间用于发表更多关于名人宠物化妆之类的八卦新闻。不过，如前文所述，就目前而言，达成这样的结果对他来说只是一厢情愿。

虽然知道这是一种极度乌托邦的设想，但我仍然相信我们可以生活在一个自动化的世界。在这个世界中，人类驾驶和自动驾驶的出租车都可以载着我们在城市里穿梭，但人类司机之所以还开出租车，是因为他们真正热爱这份工作，而不仅仅是为了养家糊口。我们也许还乐意为体验到人类驾驶的出租车付更高的价格，就像我们现在买艺术作品一样。多付点钱给人类司机是理所应当的，毕竟雇用人力比使用机器人成本更高，而且乘客也可以在与司机的交流中享受到更多的文化体验。这种理想化的愿景自然不会延伸到所有类型的工作以及所有的人或公司，但我相信，这是我们作为一个社会群体应该为之努力的方向。

在促成本文的论坛上（指2018年2月伦敦全球研究中心主办的“工作的未来”研讨会——译者注），其他与会者提出了几个问题，其中一些我在上述讨论中已经作了回应。此外，有人注意到我的一个观点——大多数人工智能研究人员倾向于将人工智能技术的发展与它的用途区别对待，并且不太关注人工智能的道德问题。对此我想强调的是，虽然目前情况确实如此，但随着技术领导者——比如来自谷歌Deep Mind的德米斯·哈萨比斯（Demis Hassabis）——积极推动建立人工智能应用的道德规范，加之一些大学也逐步为计算机专业的学生开设人工智能应用道德课程，将来的情况必然会发生变化。

后来，研讨会又回到“由谁来决定人工智能的应用”这个问题，并提出是否有可能自下而上来推动，例如从社区或消费者团体着手。我承认自己对此深表怀疑。我指出，学术界的人工智能团体也在带头行动。我举了一个关于抵制自动杀人机的例子。这场学术运动就是由我的一位老同事托比·沃尔什教授（Toby Walsh）发起的。他在2018年出版了

《会思考的机器：人工智能的未来》（*Machines That Think: The Future of Artificial Intelligence*）一书。我最近曾对沃尔什表达过自己的疑虑：一场学术运动是否能扭转人工智能在政府、军队甚至商业领域的发展趋势？但他显然比我更乐观。他认为，这些组织都在积极雇用人工智能专业的博士毕业生，而且人才争夺非常激烈。他相信，其中一些毕业生可能会受到这场学术运动的影响，从而在择业时将考虑那些用人单位的道德立场。这不失为一个令人振奋的消息。

另一场讨论集中于软件本身的创作能力。有人认为，虽然计算机软件能够对以前的艺术杰作——比如音乐名曲——进行重新组合，但真正的艺术家不仅需要动用音乐资料库里面的资源，而且还要积累素材。这些素材来自他们的日常生活、来自其他文艺作品（如小说）、来自梦想、来自朋友间的互动以及其他许多方面。大家认为，只有受到这些素材的潜移默化，软件才能创造出伟大的艺术作品。我也持同样的立场。我经常告诉别人，在计算机创作研究中我们应该如何避免生搬硬套，因为这与创作的理念背道而驰。我也反对认为软件创作不会被上述因素感染的观点。我指出，“绘画傻瓜”的“灵感”就来自每天报纸上的文章和推特数据流（twitter stream），来自之前肖像模特所表达的情感。我反复声明，我实在不明白为什么软件就不能拥有丰富的素材，因为所有能模拟人类生活的内容都可以被设计到软件之中。我推测，目前在创作软件中之所以未能实现这一步，并不是因为技术上的限制，而是因为还没有形成针对计算机创作活动的经济模式。开发计算机的创作能力，可能需要调动大型科技公司庞大的人力和算力资源。

最后，我们还讨论了艺术品的估值问题，我们认为艺术作品应当具备原创性和独特的价值。需要指出的是，许多从事创作的人都声称自己的作品具有原创性，但在市场上却遭到冷落，这里面可能涉及个人才华不够、缺少人脉以及带有偏见的估值等因素。估值是一个非常“嘈杂”

的过程，我们怀疑计算机是否能在这样“嘈杂”的环境中保持专注、认清自己，像人类一样借鉴过去的失败和错误以不断完善自己。我注意到，“绘画傻瓜”确实能够从它的某些失败经历中吸取教训，吃一堑长一智，每当发现自己的败笔之后都能够在下一次创作中画出更加感人的肖像。之所以能做到这一点，是因为它带着阅读报纸文章后产生的模拟情感，使用机器视觉来分析作品的效果并表现出情感价值。

我们还讨论了人工智能是否应该借鉴文学艺术领域对创作的简单化定义（比如产生出富有新意和价值的作品）（Colton等，2014）。我提出的观点是，“艺术”和“创作”这类概念其实在本质上是存在争议的。正如哲学家W·B. 加利（W. B. Gallie）在其论文《本质上有争议的概念》（Essentially Contested Concepts）中所言：要想恰如其分地使用这些概念，你就得煞费苦心先搞清楚什么是“概念的恰当运用”（Gallie，1955）。换句话说，我们的社会已经形成默契，在某些概念上我们可能永远都无法达成一致，这也是社会进步的一个重要推动力。接下来讨论的焦点是，在辨析那些本质上存在争议的概念（比如艺术和创作）时，某些人是否更具有权威性。我同意有的人在某些事情上确实拥有更多的权威性和更深刻的领悟，因此可以提出更令人信服的观点，但这并不能改变一个事实：为了更好地讨论计算机的创作能力，他们也应该与别人进行切磋。由此推导出本文的结论：只有当软件本身有助于讨论什么是创作的时候，我才会相信自己已经成功开发出真正具有创作能力的软件。我建议设计这样一个从哲学意义上具有创造性的人工智能系统，以此终结我作为一名计算机创作能力研究者的职业生涯。

## 参考文献


- Anonymous. (2016, November 21). The Secret Life of a Clickbait Creator: Lousy

Content, Dodgy Ads, Demoralised Staff. *The Guardian*.

- Bostrom, N. (2014). Superintelligence: Paths, Dangers, Strategies. Oxford University Press.
- Colton, S. (2011). The Painting Fool: Stories from Building an Automated Painter. In J. McCormack & M. d'Inverno (Eds.), *Computers and Creativity*. Springer.
- Colton, S., Cook, M., Hepworth, R., & Pease, A. (2014). On Acid Drops and Teardrops: Observer Issues in Computational Creativity. In Proceedings of the7th AISB Symposium on Computing and Philosophy.
- Colton, S., Goodwin, J., & Veale, T. (2012). Full-FACE Poetry Generation. In *Proceedings of the Third International Conference on Computational Creativity*.
- Colton, S., Halskov, J., Ventura, D., Gouldstone, I., Cook, M., & Pérez-Ferrer, B. (2015). The Painting Fool Sees! New Projects with the Automated Painter. In Proceedings of the Sixth International Conference on Computational Creativity.
- Colton, S., Llano, M. T., Hepworth, R., Charnley, J., Gale, C. V., Baron, A., Pachet, F., Roy, P., Gervás, P., Collins, N., Sturm, B., Weyde, T., Wolff, D., & Lloyd, J. R. (2016). The Beyond the Fence Musical and Computer Says Show Documentary. In Proceedings of the 7th International Conference on Computational Creativity.
- Colton, S., Pease, A., & Saunders, R. (2018). Issues of Authenticity in Autonomously Creative Systems. In Proceedings of the Ninth International Conference on Computational Creativity.
- Colton, S., & Ventura, D. (2014). You Can't Know My Mind: A Festival of Computational Creativity. In Proceedings of the 5th International Conference on Computational Creativity.
- Colton, S., & Wiggins, G. A. (2012). Computational Creativity: The Final Frontier? *Proceedings of the European Conference on Artificial Intelligence*.
- Cook, M., Colton, S., & Gow, J. (2016). The ANGELINA Videogame Design System, Parts I and II. *IEEE Transactions on Computational Intelligence and AI in Games, 9*(2/3), 1–13.
- Gallie, W. B. (1955). Essentially Contested Concepts. *Proceedings of the*

*Aristotelian Society, 56*, 167–198.

- Goertzel, B. (2014). Artificial General Intelligence: Concept, State of the Art, and Future Prospects. *Journal of Artificial General Intelligence, 5*(1), 1–26.
- Hurst, D. (2018, February 6). Japan Lays Groundwork for Boom in Robot Carers. *The Guardian*.
- Price, R. (2019, April 12). Uber Says Its Future is Riding on the Success of Self-driving Cars, but Warns Investors That There's a Lot That Can Go Wrong. *Business Insider*.
- Shead, S. (2016, April 4). There's a Worldwide Shortage of the Board Game Go after Google's Computer Beat the World Champ. *Business Insider*.
- Silver, D., Schrittwieser, J., Simonyan, K., Antonoglou, I., Huang, A., Guez, A., Hubert, T., Baker, L., Lai, M., Bolton, A., Chen, Y., Lillicrap, T., Hui, F., Sifre, L., van den Driessche, G., Graepel, T., & Hassabis, D. (2018).Mastering the Game of Go Without Human Knowledge. *Nature, 550*, 354–359.
- Tschangho, J. K. (2018). Automated Autonomous Vehicles: Prospects and Impacts on Society. *Journal of Transportation Technologies, 8*, 137–150.
- Walsh, T. (2018). Machines That Think: The Future of Artificial Intelligence. Prometheus Books.

# V.

# 数字经济时代的工作

12

Work in the Digital Economy

# 数字经济时代的工作

□ 丹尼尔·苏斯金德［英国牛津大学贝利奥尔学院］

**作者简介**：丹尼尔·苏斯金德（Daniel Susskind）致力于探讨科技（特别是人工智能）对工作和社会的影响。他作为牛津大学贝利奥尔学院的经济学研究员，主要从事教学和研究工作。他还是畅销书《职业的未来》（*The Future of the Professions*）的合著者。他的TED演讲视频"关于未来工作的三个神话"已有超过140万人次观看。苏斯金德曾在英国政府工作——先后在首相战略部担任政策顾问，在首相官邸唐宁街10号担任政策分析员，在内阁办公室担任高级政策顾问。他还是哈佛大学的肯尼迪学者。

在这个演讲中，我准备讨论两件事。首先，我将简单介绍一下思想史，因为它直接影响到许多经济学家如何看待最近几十年发生的技术变革及其对劳动力市场的冲击。然后，我想通过这些观点以及它们的局限性来探讨未来工作的意义。这次演讲显然要借助我以前做过的一些其他研究工作，比如我在2015年和2020年出版的两本书——《职业的未来》（*The Future of the Professions*）和《没有工作的世界》（*A World without Work*）——以及一些研究文章和一场TED演讲"关于未来工作的三个神话"（*3 Myths about the Future of Work*）。

我想从20世纪80年代到21世纪初这段时间劳动力市场发生的一系列

奇怪变化谈起。如果你把许多国家的工人按照技能高低进行排序，你会发现这一时期最低技能与最高技能这两端的就业份额都有所增长，但技能居中那部分人的就业份额却出现了萎缩（我所说的“就业份额”是指这些工人在整体就业中所占的比例）。经济学家称之为劳动力市场的“两极化”（polarisation）或“空心化”（hollowing-out）。人们通常以为这种现象只在美国蔓延，但实际上其他许多国家的情况也大抵如此。

这给经济学家提出了一个前所未有的实证性难题。长期以来，许多经济学家一直关注所谓的“技能溢价”（skill-premium）为什么会上涨（通常情况下，这种溢价是通过将大学毕业生的工资与高中毕业生的工资比较后进行衡量的）；为什么在20世纪的大部分时间里，高技能工人的工资相对于低技能工人的工资一直在提高，尽管前者的供给也在增加。有一种流行的解释是：技术变革是带有“技能偏好”（skill-biased）的，由于各种原因，新技术需要的高技能工人超过了低技能工人，而需求量上升又助长了高技能工人的工资水平和“技能溢价”。但问题是，这种看法不能解释劳动力市场的“空心化”现象。在这里，有趣的现象并非高技能工人的薪酬高于低技能工人，而是那些中等技能的工人在薪酬和就业岗位的增长方面不仅落后于高技能工人，甚至还不如低技能工人。

鉴于“技能偏好”理论存在的缺陷，经济学家们开始另辟蹊径。由麻省理工学院的经济学家大卫·奥托（David Autor）、佛兰克·列维（Frank Levy）以及理查德·莫南（Richard Murnane）组成的研究团队提出了一套新的理论——“奥托—列维—莫南假说”（Autor Levy Murnane Hypothesis，简称“ALM假说”）。这个假说有两个与众不同之处：第一，它认为仅从工作岗位来分析劳动力市场很容易产生误导；第二，它认为应当重视构成某个工作岗位的各项任务。一提到工作的未来，我们往往会习惯性地想到某些工作岗位（也就是笼统的职业，比如医生、律师、教师、会计师、建筑师等）的未来将会如何演变？但这种讨论纯属无的放矢，因为真正有意义的变化发生在具体的任务层面，而正是林林总总的任务汇聚在一起才构成了某一职业。只看到更高层面的“职业岗位”，必然会忽略其中所包含的各种有趣而微妙的任务变化。

ALM假说的第二部分内容是对“常规”（routine）任务与“非常规”（non-routine）任务的区分。“常规”任务是指人们很容易解释其执行过程的任务；而“非常规”任务则是那些人类难以解释清楚的任务。这种划分的理论依据来自匈牙利裔英国哲学家迈克尔·波兰尼（Michael Polanyi）所撰写的《人类研究》（*The Study of Man*）等著作。波兰尼认为，人类的知识可以分为“隐性”（tacit）和“显性”（explicit）两类。据此，ALM假说认为：“常规”任务需要“显性”的知识，也就是人们觉得易于言表的知识；反之，“非常规”任务则需要“隐性”知识，而这类知识人们很难用语言表达清楚。

ALM假说从任务的角度出发并将其划分为“常规”与“非常规”两类，这种二分法完全契合了当今许多经济学家有关机器能力的主张。他们认为，如果你想使某项任务实现自动化，你必须与另一个人促膝交谈，请她说清楚自己如何执行那项任务，然后根据她的解释提炼出一套规则或操作指南让计算机照章执行。显然，对于“常规”任务来说这样做轻而易举：要解释应该如何执行这类任务并不困难，根据这个解释编写一组操作说明也很轻松——只要能够用语言表达清楚，这项任务便可按部就班地实现自动化。但对于“非常规”任务来说，由于其内容说不清道不明，因此很难实现自动化。

不仅经济学家这样看待机器，将任务划为“常规”和“非常规”的二分法理念在人工智能领域也曾盛极一时。我之所以了解这一情况，是因为我和父亲理查德·苏斯金德（Richard Susskind）曾合作撰写了《职业的未来》一书。20世纪80年代，父亲在牛津大学选定的博士论文主题就是人工智能与法律。早在那时，他就试图构建一个能够解决相关法律问题的人工智能系统。为了弄清他的意图，我们不妨来看看他工作中的一个实例。20世纪80年代后期，也就是1986年，英国通过了一项极为复杂的法案，名为《隐性损害法》(The *Latent Damage Act*)。这项立法的领衔专家是一位名叫菲利普·卡普(Phillip Capper)的教授，碰巧他当时是牛津大学法学院的院长。他找到我父亲并说了一通诸如此类的话："这简直太荒唐了！当有人想要了解这项复杂立法的影响时，她只能去咨询专家，而这个领域却几乎找不到这类专家。不如我们联手，利用我脑中的法律专业知识构建一个计算机智能系统，让那些需要了解这套法律的非律师人士可以不必求助于专家。"最终，他们合作开发出了一套首次实现商业用途的"法律专家系统"，两人也因此在法律界声名鹊起。在那套智能系统中，用户只需对一组问题回答"是"或"否"，然后该系统就会自动向用户解答一个难题，比如"我的行动什么时候会超出规定时间"。这种建立智能系统的思路正是那些支持ALM假说的经济学家头脑中的想法：为了使一项任务自动化，你必须和某人坐下来(在该案例中，这个人就是卡普教授)，让他向你解释应该如何执行某项任务，然后你据此建立一个能够再现这种解释的智能系统，提供给非专业人士使用。

从经济学角度看，ALM假说的说服力在于它能够解释劳动力市场正在发生的"空心化"现象，而"技能偏好"理论对此却无能为力。父亲这篇博士论文发表之后，经济学家们对整个劳动力市场的工作岗位进行了梳理，把它们分解成各种各样的任务，从而证实了许多高技能和低技能的工作岗位都需要执行"非常规"任务。这就是它们很难实现自动化的原因，由此也可以解释为什么这两端的就业会出现大幅度增长。与之相反，那些中等技能的工作岗位或多或少都由"常规"任务构成，由此表明它们可以相对容易地实现自动化，因而该领域的就业份额呈现下降趋势。

曾经有一段时期，对于技术变革会如何影响劳动力市场这个问题，经济学家们普遍认为：在劳动力市场高低两端存在着一些机器难以企及的“非常规”任务，这些任务只能留给人类去执行。但最近几年出现了一个新情况。我在研究中提出了这样一个问题：驾驶汽车、医疗诊断以及瞬间识别一只鸟类，这些任务有什么共同之处吗？直到不久前，大多数经济学家给出的答案是：它们都是难以自动化的“非常规”任务。然而现在看来，这些任务越来越有可能被自动化。目前，所有的汽车制造巨头都在计划生产无人驾驶汽车，有无数的智能系统可以进行自动医疗诊断，由康奈尔大学鸟类实验室开发的一款App甚至能瞬间识别出一只鸟的类别。

ALM假说存在什么问题呢？正如我们看到的，大多数经济学家认为，实现任务自动化的唯一方法是复制人类思维和推理的方式，然后将这些思维和推理过程归纳为一组指令供计算机遵循。我父亲写博士论文的时候，这种观点也许是正确的，但今天看来它却有些过时了。最新的智能系统和计算机跟当初相比已不可同日而语。智能系统在数据处理能力、数据存储能力和算法设计方面取得了巨大进步，这意味着划分“常规”任务与“非常规”已经远不如从前那么行之有效。

我们不妨以医疗诊断为例说明个中原因，这是一个“非常规”任务的典型案例。一名医生很难准确地说出她自己是如何做出诊断的，因为她无法精确地指出引导她做出诊断决定的规则和思路。然而，斯坦福大学开发出一个人工智能系统，它能像皮肤科专家一样准确地判断雀斑是否癌变。它的工作原理是什么呢？它并不模仿医生的推理过程，而且它对医学也一无所知。但它拥有一个存储了大约13万张病例图片的数据库，并可以通过图形识别算法（pattern recognition algorithm），仔细寻找这些图像与需要诊断的病变图片之间的相似之处。重要的是，这是一项“非常规”任务，人类可能自己都无法解释应该如何进行诊断，而这个人工智能系统却以一种完全异于人类的方式完成了任务。人工智能系统分析过程中所依据的病例比一名医生一辈子所研究的还多。

由此可见，人工智能正在进一步侵蚀人类的工作岗位。对许多人来说，1997年是人工智能发展历史上的一个转折点，其标志性事件是IBM研发的超级计算机"深蓝"战胜了国际象棋大师加里·卡斯帕罗夫。有意思的是，如果你回到20世纪80年代，问我父亲及其同事是否认为有可能造出一台能打败像卡斯帕罗夫这样的国际象棋冠军的计算机，他们肯定会说"这简直是痴心妄想"。记住，这些人可是当年研究人工智能技术的顶尖高手，他们之所以认为不可能，原因是秉承了之前习惯的推理方式。他们认为，要建立一个高性能的人工智能系统，就必须和一位人类专家坐在一起，让其解释他们是如何解决问题的，然后用一组规则将这些解释呈现出来并交给人工智能系统处理，其过程就像一棵巨大的"决策树"（decision tree）。但问题是，如果你和卡斯帕罗夫坐下来并问他："大师，您的棋艺怎么会如此高超？"他也许能在棋盘上给你演示几个开局和残局。但最终他会像前面提到的医生那样，很难说清楚行棋背后的各种规则，而只能说一堆"凭本能反应，靠直觉，全靠直觉"之类的话。总而言之，诊断与对弈长期都被视为高级的"非常规"任务，人们因此认为其潜在的专业技能难以归纳成一组可供计算机遵循的规则。

抚今追昔，那个时代的人工智能专家现在意识到了他们的错误。他们没有料到，在接下来的几十年里，计算机的数据处理能力会呈现指数级增长。当卡斯帕罗夫与"深蓝"对弈的时候，那台计算机的运算速度已经达到每秒3.3亿步棋，而卡斯帕罗夫在最佳状态下每回合充其量只能思考110步棋。在拥有强大处理能力、先进软件系统和庞大数据库的计算机面前，卡斯帕罗夫必然会一败涂地。从某种意义上说，"深蓝"是在玩一种不同的游戏，它既不照搬卡斯帕罗夫所遵循的规则，也不模仿他的思路。从那以后，许多人工智能系统和计算机的开发过程都如法炮制。由此可见，各种“非常规”任务今后将成为计算机大展身手的领域。

那么，这对工作的未来会产生哪些影响呢？

第一个影响涉及计算机能力的极限。现在已经很清楚，随着处理能力、数据存储和算法设计的突飞猛进，如今的计算机已经能够采用与人类截然不同的方式去执行任务。过去，专家们通常认为人们对于人类智力——包括我们的思维和推理方式、意识和思想的本质——的无知会制约自动化的发展；而如今，随着人工智能技术的迅猛发展，我们对人类智能的迷茫已经不会像过去那样对自动化过程形成如此多的束缚。大量事实证明，自动化所面临的一个传统瓶颈——人类在执行“非常规”任务时无法说清楚其背后的规则和思路——已经显得远不如从前重要。广而言之，这意味着在思考工作的未来时，关键的问题不是那些哲学上的迷思，比如“计算机能否产生意识”；现在的问题变得更加直接和实际，比如“计算机是否能够以全新的方式去执行一项过去需要具备人类意识才能完成的任务”。

第二个影响涉及自动化的普及。一个不争的事实是，技术变革的影响将波及整个劳动力市场。如果我们还把各种工作岗位当成工作本身来讨论已经意义不大。正如我前面所解释的那样，我们需要从任务的角度去分析工作。这样你就会发现两件事：一方面，即使新兴技术层出不穷，也很少有职业可以完全实现自动化；另一方面，几乎所有的工作岗位都会有各种任务实现自动化。这一发现也被其他权威研究证实。但如果你仍然坚持只从工作岗位的角度来考虑问题，仅仅关注那些可能会被机器彻底替代的职业，那么你必然会严重低估技术进步将对劳动力市场产生的冲击。

第三个影响涉及我所说的技术变革中的“技能盲区”（skill-blindness）。有一种观点认为，技术帮助的只是那些有一技之长的工人，而缺乏技能的工人却会遭其伤害——这与“技能偏好”那套传统理论如出一辙。但事实证明，技术变革并不一定偏向于特定类型的工人，而是偏向于特定类型的工作任务。直到最近，通过ALM假设来思考“任务偏好”（task-bias）理论的作用仍不失为一种有效的方法，也就是说计算机虽然可以执行“常规”任务，却无力承担“非常规”任务。而且，正如我们之前看到的，许多“非常规”任务不仅存在于高技能的工作中，同时也存在于低技能或低报酬的工作当中。在计算机科学中，这种现象被称为“莫拉维克悖论”（Moravec’s Paradox）：有许多对人类而言是举手之劳的事情，往往却成为自动化难以逾越的障碍。

最后我想说的是，因近年来出现的技术变革，人们在思考工作的未来时会感到迷茫。前面有位演讲者提到了谦逊的重要性，我认为这是一种非常可取的心态。ALM假说的好处之一就是它有一个引人注目的概念性划分：机器可以执行“常规”任务，而不是“非常规”任务。如今这两类任务的概念不再泾渭分明。这意味着人工智能的前景——也可以说是工作的未来——远比许多经济学家在10年或15年前所想象的更加扑朔迷离，对此我们不妨以谦逊的心态拭目以待。

## 参考文献

- Susskind, D. (2017, November). 3 Myths about the Future of Work (and Why They’re Not True). A TED Talk Delivered in London, November 2017.
- Susskind, D. (2019). Re-thinking the Capabilities of Technology in Economics. *Economics Bulletin, 39*(1), A30.
- Susskind, D. (2020). A World Without Work. London: Allen Lane.
- Susskind, D., & Susskind, R. (2015/2017). The Future of the Professions. Oxford: OUP.
- Susskind, D., & Susskind, R. (2018). The Future of the Professions. *Proceedings of the American Philosophical Society, 162*(2).

13

Two Myths About the Future of the Economy

# 关于未来经济的两个神话

□ 尼克·斯尔尼切克［伦敦国王学院数字人文系］

**作者简介：** 尼克·斯尔尼切克（Nick Srnicek）是伦敦国王学院的数字经济讲师，其研究主要集中在批判性地审视技术如何改变经济发展的趋势以及这些变化对社会的潜在解放作用。斯尔尼切克著有《平台资本主义》（*Platform Capitalism*），并与阿里克斯·威廉姆斯（Alex Williams）合著了《发明未来》（*Inventing the Future*）。2020年，斯尔尼切克与海伦·赫丝特（Helen Hester）合作撰写了一本新书《下班之后：为自由时间而奋斗》（*After Work: The Fight for Free Time*）。

随着科学技术突飞猛进，对未来经济前景的预测也令人眼花缭乱。本文拟从工作和技术的角度戳穿有关未来经济的两个既常见又神秘的幻象。

## 神话之一：优步代表着未来的商业模式

我想戳穿的第一个神话是，优步奠定了未来经济的发展模式。这种观点认为，我们将见证经济的优步化（Uberisation），越来越多的公司将采用其商业模式。我们可以看到许多新的App和平台都将自己标榜为“某某界的优步”（Uber for X），它们都希望能够分享到优步的一些成功经验。更为极端的是，我们甚至看到一个“厕所界的优步”——Airpnp，这个App可以帮助用户找到私人住宅里供公众共享的厕所。

经济优步化也常常意味着优步与工人的特殊雇佣关系将在整个经济中得到复制和推广。然而“优步化势不可当”这种信念是一个特别有害的神话，下面我将解释其中的原因。

首先，优步的商业模式是什么？它们就是我曾在别处所称的“精益平台”（lean platform）。其目的就是实现轻资产经营——尽量少拥有资产（Srnicek，2016）。例如，优步自己并不拥有汽车，不必支付燃料费用，也不负责汽车保险或维修之类的事情。即使在核心业务上它们也不配置庞大的计算机服务器或其他数字化设备，不过，它们会从亚马逊网络服务（Amazon Web Service，AWS）这类平台租用相关服务。实际上，优步模式一直试图尽可能少拥有任何资产。但它们真正拥有的是连接驾驶员和乘客的技术平台，这才是它们价值开发的源泉。

优步（及其同类公司）面临的最大问题是，其商业模式并不是非常有利可图。精益平台通常利润率很低，而且只适用于某些服务，例如那些使用频次非常高的服务。出租车服务就是一个很好的例子。像伦敦这样的大城市，在任何特定时间都会有很多人打车。有了高频次服务，即使是单笔业务利润微薄也能带来总量可观的收益。但问题是很多服务并不具备高频次特点。例如，杂货店购物这项服务人们每隔几周才使用一次，结果采用优步模式的这类零售公司一个个都在死亡线上苦苦挣扎。实际上，低频次服务领域的优步化目前似乎还根本看不到成功的希望。

我们再来看看高技能工作领域的优步化，在这里我们也发现很多问题。你可以想象这样一个场景：如果你从事高技能的工作，你加入一个平台并开始与客户进行接触；然而，假如该平台对你提供的每项服务都抽成，最终你多半会选择离开该平台并独立创业。这正是许多公司在试图将高技能工人带到优步化平台（Uberised platform）后面临的情况：

一旦工人发现其他更有利可图的事情，他们就会抛开平台单干。另外一个更为突出的例子是Homejoy（这是一家总部位于旧金山的优步化钟点工保洁服务平台，成立于2012年7月，2015年7月宣布倒闭），当它签约的许多保洁员决定离开后，平台也就随之崩塌，因为这些保洁员发现在别处可以赚更多的钱（Farr，2015）。

共享经济和这些精益平台的增长往往并不着眼于当前的盈利，而是基于在未来某一时刻将实现盈利的憧憬。目前，这类公司大都负债累累。这种先增长后盈利的模式，甚至刻意把亏损当作战略的一部分。优步实际上就是这个领域的始作俑者。优步为了对抗来自中国的竞争对手滴滴，每年损失高达10亿美元，最终不得不放弃中国业务并离开了中国（Jourdan and Ruwitch，2016）。数据显示，优步2016年亏损28亿美元，2017年亏损45亿美元，2018年亏损18亿美元；2019年，尽管优步的营收实现了大幅增长，但其亏损却达到惊人的85亿美元。令人匪夷所思的是，一家在四年内亏损了176亿美元并且自创立以来从未盈利的公司，竟然还被吹捧为引领资本主义发展的先驱！

优步的生存无须依靠盈利，而是通过风险资本烧钱续命——投资者源源不断地为其注入新的资金。然而，如果仔细观察优步的融资轮就不难看出，投资者对优步的怀疑日益深重。例如，在2017年底的一轮融资中，投资集团软银（SoftBank）就要求优步将其过高的估值削减30%（Somerville，2018）。实际上，即便是着眼于长期，优步也发现如今越来越难以说服投资者相信其实现盈利的承诺。

优步在未来还面临诸多挑战。首先是来自监管机构的压力。优步特殊的雇佣关系（员工被视为合同工而不是雇员）及其劳工条例之所以大行其道，那是因为监管机构尚未出台相应对策。不过，监管机构现在正迎头赶上，伦敦就是一个很好的例子。在伦敦，优步对待员工的方式已经引发过多起诉讼案件。因为违反相关监管要求，优步一度面临被伦敦封杀的危险。由此可见，监管机构已经开始对优步模式进行严格限制（当然，我不太相信优步会在伦敦遭禁，而认为这只不过是一种讨价还价的策略。尽管如此，这也表明监管机构正准备打压这种商业模式）。

优步和其他精益平台面临的另一个挑战是来自工人们的抗争。最初，工人们不知道如何在这类新的商业模式下团结起来去争取自己的权利；在经历了最初的挫折之后，近年来工人们开始进行重拳反击。例如，优步的司机正试图建立工会；英国网上点餐外卖平台Deliveroo的司机也试图建立工会；许多精益平台公司正面临着各种诉讼。优步不得不在一次和解中赔偿了1亿美元；美国第二大网约车平台Lyft也被迫在另一项和解中支付了2700万美元；美国最大的外卖配送平台Postmates也曾面临8亿美元的诉讼（Kosoff，2017）。在一项针对优步的诉讼中，如果法院判决签约司机应被视为雇员而不是独立的合同工，那么优步将赔偿司机8.52亿美元。对此，优步辩称自己只会赔偿4.29亿美元（Levine & Somerville，2016）。诸如此类的员工抵制所造成的后果是，原本就利薄如纸的平台企业在未来将变得更加无利可图，其商业模式也不太可能得到进一步推广。

优步打的是什么如意算盘呢？我们看到，就连优步自己也不认为它们开创的商业模式有可能取得成功，它只想把规模做大，最终垄断出租车服务。不过，它的下一个目标就是用自动驾驶汽车取代司机，并在自己的业务周围开辟一条无人能跨越的鸿沟。最终其业务会发生实质性的重大转变，届时它将突然背负大量固定资产所带来的成本和责任。我们可以从两个段子中看出这种转变。一个是2015年的段子：

> 世界上最大的出租车公司优步没有自己的车辆，最受热捧的媒体脸书（Facebook）不创造任何内容，而最有价值的零售商阿里巴巴没有自己的库存，最大的住宿提供商Airbnb没有属于自己的房地产（Goodwin，2015）。

然而，时隔几年，所有这些公司都开始改弦更张。有鉴于此，我们不妨将上面的段子更新为2018年的版本：

> 优步正在购买24000辆汽车，脸书在原创性电视节目内容上花费了10亿美元，阿里巴巴在实体零售店上投资了26亿美元，Airbnb正在开设属于自己品牌的公寓楼。

这些公司逐渐意识到，标准的优步商业模式并不奏效，它们现在正转向一种更为传统的商业模式。由此可见，认为优步代表着经济的未来，这个神话无论从商业模式还是从就业实践上来看，都不过是一种不切实际的炒作而已。

## 神话之二：人工智能的主要经济影响在于自动化

关于未来经济的第二个神话是，人工智能对经济的影响主要在于自动化所造成的就业替代。绝大多数的媒体关注、智囊团分析和政治宣传都把人工智能视为对就业的威胁，并对其推进速度和广度深表忧虑。不可否认的是，人工智能至少会使一部分工作任务实现自动化，并有可能使许多任务不复存在，从而导致部分人失去工作。然而，这并不是人工智能在经济方面产生的最大影响。

为了弄清人工智能的最大影响，我们首先需要了解什么是平台？从本质上讲，平台就是一些中介和基础设施。作为中介，它们将不同的群体连接在一起；作为基础设施，它们使这些群体能够在平台上进行互动。脸书就是一个典型的例子，它连接广告商、公司、用户、内容制作者、App开发人员等各个群体，它可以使这些群体在平台上进行互动，但关键是它自己可以从这些互动中收集数据并从中发掘出价值。

值得注意的是，我们在谈及平台时往往会排除一家科技公司中的领跑企业——苹果公司。苹果公司在某些方面也体现出平台特征，比如iTunes和App Store。但它的利润主要来自销售奢侈品（iPhone、iPad以及各种昂贵的配件），这使得它拥有一个相当传统的商业模式。

平台则要有趣得多，这主要是因为它们带来的后果令人细思极恐。首先，平台具有天然的垄断特征，它们的垄断趋势不是通过任何人为手段——无论是串通还是兼并——来推动的。相反，平台业务的本质就倾向于垄断。导致这种情况有几个不同的原因。

一个原因是平台的网络效应：使用平台的人越多，该平台对其他人就越有价值。我们不妨再以脸书为例。你可能会鄙视其掌门人马克·扎克伯格（Mark Zuckerberg），憎恨脸书对用户的监视行为，也讨厌其处理假新闻的方式。但如果你想加入一个社交媒体网络，你只能选择脸书，因为你所有的朋友和家人都在那里。这就是网络效应的力量，一旦到达某个重要的临界点，它们就会一发不可收拾地野蛮生长。

导致垄断的另一个原因是平台提取和控制数据的能力。由于平台将自己定位于不同群体之间的中介，它们就有条件收集到大量的数据。平台上发生的任何互动都会生成一条信息，然后被输入到机器学习之类的程序当中。如果说数据是新的石油，平台就是数字经济时代的石油钻台。平台的中介性质可以使它们围绕自己的业务构筑一道护城河，随着它们收集的数据日益增多，竞争对手想要击败它们的难度也越来越大。那些数据本已十分丰富的平台将拥有更多的信息，这种强者恒强的效应势必加剧垄断。

形成垄断趋势的最终原因是用户的路径依赖。一旦某个平台占据主导地位，它就会培养出一系列牢固且具有依赖性的群体，这些群体都会极力维护平台的垄断地位。例如，用户将时间和数据都投入到特定的平台上，从此就开始依赖于该平台。如果你想离开脸书去一个新的社交媒体网站，你就会失去所有的朋友、联系人、数据、聊天内容以及个性化设置等。平台开发商也掌握了类似的动态数据，他们通常会雇佣精通编程或擅长营销的人手针对特定平台推出定制产品。其结果是，随着该平台成为业界老大，许多用户也开始踊跃维护平台的统治地位。

由于上述原因，平台通常就会形成垄断。尽管如此，目前它们垄断的还只是个别的服务领域：脸书占据着社交网络，谷歌控制着搜索引擎，亚马逊则把持着电子商务。它们可以在这些领域呼风唤雨，但相对于整个经济甚至整个数字经济而言，目前这些领域的体量还不算太大。平台垄断的孤岛化也意味着它们能够和谐共存，因为它们独霸一方，彼此之间的直接竞争并不多。然而，人工智能改变了这一切。

当代人工智能已步入机器学习时代。机器学习的原理是：围绕一个问题向计算机输入大量数据，然后训练出可以学习各种模型的算法，最后按照训练好的算法对数据进行分析预测。这种人工智能算法需要大量的数据，因此拥有海量数据的公司在竞争中将处于优势地位。正如我们所看到的，平台垄断者正是那些最善于利用机器学习技术的公司。为了保持领先地位，尤其是为了打压竞争对手，这些垄断公司在提取数据时也面临着越来越大的结构性压力：不仅需要持续扩充特定类型数据（比如地理位置或财务数据）的数量，而且需要提高所收集数据的质量。

出于这个原因，我们看到这些大型平台公司开始将核心业务拓展到其他领域。比如，亚马逊不再只是一家电子商务公司，它开始介入云计算、媒体内容、物流和消费者物联网等领域。谷歌和脸书也在或多或少地进行这种跨界拓展，这两家公司都在各个技术领域投资和收购其他公司，以便扩大新的数据来源。如果说过去的垄断是基于垂直或水平形态的一体化，那么如今的垄断则是依靠各种数据资源实现盘根错节的一体化（rhizomatic integration）。最终结果是，这些公司不再是市场上各据一方的垄断者，而是正在成为综合性的人工智能公司。在这个层面上，那些原本相安无事的公司开始变成你死我活的竞争对手。

近年来，我们已经见证了这些大型平台公司为收集数据而展开的激烈竞争。例如，谷歌Home与亚马逊Alexa的对决就是这场战争中一次重要的代理权争夺战。在这次战斗中，它们彼此都竭尽全力打压对方（Wetzel，2018）。此外，在智能手机、私人助理领域的争斗也硝烟四起，而最新开辟的战线则是云计算领域的竞争。这些当年井水不犯河水的垄断平台，如今正为蚕食对方的领地打得头破血流。

这就引出了一个核心问题——人工智能对平台经济的垄断趋势产生了何种影响？人工智能有其自身的良性循环：更多的数据意味着更好的人工智能，更好的人工智能意味着更好的服务和产品，更好的服务和产品意味着更多的用户，更多的用户则意味着更多的数据。因此，随着平台公司不断提高人工智能的水平，它就会将其他竞争对手抛在身后。由于数据提取量越大的公司越有可能从马太效应中获益，这就意味着已经主导平台经济的少数公司将进一步巩固手中的权力、数据和资源。这一点尤为重要，因为人工智能是一种用途广泛的技术（Jovanovic and Rousseau，2005），其影响将波及经济生活的方方面面。那些控制或从事人工智能的人将在经济生活中如虎添翼。

出于经济效应的原因，我们也许会考虑借助亚马逊网络服务或谷歌云建立人工智能系统。这两个平台都可以向那些因数据贫乏而难以自建人工智能系统的企业输出服务，它们实际上就是在出租数字经济的基础设施。同样，我们可以想象这些公司将成为某类服务的唯一提供商。例如，脸书已经利用其在注意力经济（economy of attention）领域的主导地位来钳制其他原本可以壮大的媒体公司。此外，人工智能还具有一定的政治影响力。这些平台公司已经在决定哪些人以及在什么条件下可以获得这些服务，但他们却矢口不提公民责任（civic accountability）——而承担社会责任才是我们对一种大众服务的最大期许。它们也可以直接通过复制或收购竞争对手来使之出局。即便不是有意为之，这些平台公司也会对依赖它们的公司和公众产生举足轻重的影响。例如，只要脸书对其算法稍作更改，许多媒体公司就会看到自己的流量出现骤降，其关注度也随之下降。不难想象，这种生杀予夺的权力将使这些平台公司长盛不衰。

毋庸置疑，人工智能通过将工作任务自动化，很可能对劳动力市场造成巨大冲击。然而，媒体和学术界往往过于关注人工智能在就业方面的影响，却忽视了权力集中于少数几家全球性平台公司手中所产生的灾难性后果。

## 参考文献


- Farr, C. (2015, October 26). Why Homejoy Failed. *Medium*. Retrieved from https://backchannel.com/why-homejoy-failed-bb0ab39d901a#.a4l51hejy.
- Goodwin, T. (2015, March 3). The Battle is for the Customer Interface. *TechCrunch* (blog). Retrieved from http://social.techcrunch.com/2015/03/03/in-the-age-of-disintermediation-the-battle-is-all-for-the-customer-interface/.
- Jourdan, A., & Ruwitch, J. (2016, February 18). Uber Losing $1 Billion a Year to Compete in China. *Reuters*. Retrieved from http://www.reuters.com/article/uber-china-idUSKCN0VR1M9.
- Jovanovic, B., & Rousseau, P. L. (2005). *General Purpose Technologies*. Working Paper (National Bureau of Economic Research, January 2005). Retrieved from http://www.nber.org/papers/w11093.
- Kosoff, M. (2017, November 9). Why the ‘Sharing Economy’ Keeps Getting Sued. *Vanity Fair*. Retrieved from https://www.vanityfair.com/news/2017/11/postmates-worker-classification-lawsuit.
- Levine, D., & Somerville, H. (2016, May 10). Uber Drivers, If Employees, Owed $730 Million More: US Court Papers. *Reuters*. Retrieved from http://www.

reuters.com/article/us-uber-tech-drivers-lawsuit-idUSKCN0Y02E8.

- Somerville, H. (2018, January 19). Softbank is Now Uber's Largest Shareholder as Deal Closes. *Reuters*. Retrieved from https://www.reuters.com/article/usuber-softbank-tender/uber-softbank-deal-has-closed-making-softbanklargest-shareholder-idUSKBN1F72WL.
- Srnicek, N. (2016). *Platform Capitalism*. Cambridge: Polity Press.
- Wetzel, K. (2018, March 6). As Amazon and Google Keep Bickering, Consumers are the Ones Who Lose. *Digital Trends*. Retrieved from https://www.digitaltrends.com/home/how-far-will-amazon-and-google-take-thisbickering-over-youtube-and-nest/.

# VI.

# 人工智能与道德和法律

14

# AI, Ethics, and the Law

# 人工智能与道德和法律

□ 凯茜·奥尼尔［奥尼尔风险咨询与算法审计公司］

**作者简介：** 凯茜·奥尼尔（Cathy O'Neil）是哈佛大学的数学博士，麻省理工学院数学系博士后，约翰逊实验室高级数据科学家，大数据与算法专家。在巴纳德学院任教授期间，奥尼尔发表了一系列关于算数代数几何（arithmetic algebraic geometry）的论文。然后，她转行到私营部门，在信贷危机期间担任对冲基金D.E. Shaw的量化分析师。后来移职一家专门为对冲基金和银行控股公司提供风险评估服务的软件企业——风险测量公司（RiskMetrics）。2011年奥尼尔离开金融行业，开始在纽约创业场景（New York Start-up Scene）担任数据科学家，通过建模来预测人们的购买行为和点击量。2013年奥尼尔撰写了《玩转数据科学》（*Doing Data Science*）一书，并于2014年在哥伦比亚大学新闻学院启动了Lede项目。奥尼尔也是彭博视点网站（Bloomberg View）的常客，曾出版了《数学杀伤性武器：大数据如何加剧不平等和威胁民主》（*Weapons of Math Destruction: How Big Data Increases Inequality and Threatens Democracy*）。她创立了一家算法审计公司——奥尼尔风险咨询与算法审计公司（O'Neil Risk Consulting & Algorithmic Auditing，ORCAA）。

一般而言，技术的本质是用机器来取代人类的重复性劳动，而算法的本质则是用自动化决策替代重复烦琐或基于规则的程序。

但这并不一定意味着某个工人会因为被人工智能取代而遭到解雇。更有可能的是，当人工智能系统建成后，由现有工人来训练它，然后它就可以减少未来雇佣工人的需求。

这个尽人皆知的动态过程之所以很重要，其原因有两个。第一，它将影响未来工作岗位的可获得性，那些重复性的或基于规则的岗位——尤其是在这些岗位上享受着高薪的从业人员或者发展中国家那些缺乏培训机会的工人——将首当其冲。第二，在法律领域采用自动化决策系统来替代人工判断将造成某些潜在的道德恶果。在这篇充满推测的文章中，我将把讨论重点放在第二个原因。

具体来说，我将深入分析人工智能正在以及将要如何影响法律的本质。在“人工智能干扰”（AI disruption）面前，法律领域的就业似乎显得不堪一击，因为这个领域不仅依靠规则系统作为支撑，而且还养着大批高薪的从业人员。因此，我认为人工智能在该领域将产生巨大的破坏，并有可能给广大公众利益带来严重后果。

我打算探讨目前人工智能正在或有可能改变法律的三种途径，我将通过界定一种算法并以一个破绽百出的科幻小说为例来分析每一种途径。对于每一个例子我都会指出，如果采用那些适用面广、风险较高的算法会导致哪些问题。然而，从整体上看，一个更为严重的问题在于：人工智能将破坏司法体系中一些最基本的宗旨。所以，我的结论是，对于这些理论上存在的风险，我们目前似乎还束手无策。

## 基本定义和《星际迷航》示例

预测算法（predictive algorithms）、人工智能、大数据或预测分析，这些术语至少在最高层面上都是表达同一个意思——基于过去预测未来。更确切地说，每种算法都在尝试基于过去的各种成功模式去预测一个有着固定含义的“成功”。

这听起来可能是一个技术性话题，但它实际上就是我们的日常所为。比如，当我们穿衣服的时候，我们通常会想今天穿哪套衣服会取得“成功”？首先你需要定义你所说的“成功”是什么意思，因为在不同的日子这个定义会有所不同：是想穿得舒服一点？还是打扮得职业一些？或者穿得清爽干练？接下来你会搜索你的记忆和衣柜，最终选出一套你认为最符合“成功”定义的服装。

就一种正规算法而言，“成功”的定义不能模棱两可。它被编成计算机代码，从而形成精准的“成功”概念以及与失败代价相关的概念，并被嵌入一个名为目标函数（objective function）的数学对象之中。一旦数据专家确定了目标函数和历史训练数据，随后的算法大体上也就确定下来了。

这听起来似乎很容易——有时的确也十分简单。但是，如果大量使用本身也是一种预测结果的算法输出，就会形成一个反馈闭环（feedback loop）：该算法不只是预测未来，而且还会“捏造”未来。例如，一家网贷公司使用算法预测谁有能力偿还贷款（还款意味着“成功”），并根据预测结果决定哪些人可以获得贷款。如果一个人或一群人被推测为不太可能偿还贷款，即使算法的预测是错误的，这些人都会被系统地排除在贷款对象之外。甚至更严重的是，哪怕这个预测最初是错误的，但如果有足够多的预测算法认为“像他们这样的人”看起来不可能偿还贷款，最终这个预测就被当成金科玉律，从而导致银行系统错误地将这些人统统拒之门外。从这个意义上说，预测结果被当成了既定事实，相关性变成了因果性。

大量的事实证明，这种自动决策模式明显触犯了道德规范和公共利益。为此，我不妨再举一个虚构的例子，它来自《星际迷航：航海家号》（*Star Trek: Voyager*）第七季之五“十万火急”（Critical Care）。“航海家号”飞船上的医生是一个人工智能产物，由于他掌管的全息发射器被外星人偷走，他不得已只好去一艘外星飞船上服务。最初，他被迫在一个混乱不堪、缺医少药的船舱工作，那里挤满了奄奄一息、急盼救命药物的外星人。不过后来他被安排到一个更高的楼层工作，这里一切井然有序，一群富豪在这里得到科幻般的肉毒素治疗，而这种药物正是楼下那些绝望病人急需的救命药。原来，这个外星医院的整个系统由另一个被称为“分配器”（Allocator）的人工智能医生控制，它有权根据所谓的“社会效用”（social utility）来决定哪些病人可以服药以及服用什么药。这里没有特别的负责人，因为每个人都被一种事先编程的目标函数所约束和控制，这个程序一经确定就不容置疑和更改。

假设算法的预测百分之百准确（但这实际上是不可能的，除非在思维实验当中），随后的反馈闭环就会严重混淆因果性和相关性：不要去管那些人的死活，因为他们对社会毫无用处；反过来说，因为他们已经奄奄一息，而且根据预测他们根本没有机会得到自己需要的药物，所以他们对社会毫无用处。

最后，“航海家号”上的那位全息医生出手干预，他向医院主管注射了采自一名下等阶层重症病人的血液。电脑被这种未经授权的以假乱真弄糊涂了，难以辨别主管与原来的病人，迫使主管改变“成功”的定义，最终使飞船上的人死里逃生。换句话说，这个故事讲述的就是一个孤独的道德之声以一种不太可能的方式超越了机器（现实生活中，医院主管只是一个中层管理者，他不可能掌握源代码）。

在上面的例子中，我们注意到其中存在一个牵强附会的逻辑推理：一台被赋予太多权力的机器，在没有专人负责的情况下可以创造属于自己的现实。这个曾经看起来对所有问题都能迎刃而解的有效办法，最终却变成了一场公共医疗的噩梦。

## 算法在法律界的三个应用实例及其存在的问题

法律数据分析（legal analytics）如今已经成为一个火爆的领域。《莱克尼斯法律数据分析报告》（LexisNexis Legal Analytics）显示，92%的律师事务所吹嘘人工智能可以节省成本（Becker & Howard，2018）。我将举出三个实例说明算法显然正在接管以规则为基础的法律程序，而这项工作原本是由一支庞大的律师队伍来完成的。在概括性地解释了法律程序所涉及的每项工作后，我们将讨论偏见、准确性、缺乏责任感、反馈闭环和博弈等问题。

### 实例之一：利用算法进行电子取证（e-discovery）

不久前，许多毕业生在走出法学院后的第一份工作就是没日没夜地在仓库里翻箱倒柜，寻找腐败或阴谋的确凿证据，我们把这项工作称为“取证”。如今它已让位于“电子取证”，即通过算法对诉讼案件中对方提供的证据进行筛选。

目前，律师案头的文件夹早已被电子邮件和PDF文档替代，人工筛选也基本上被精妙的关键词搜索所取代。也就是说，我们可以先制作一个关键词列表，然后再开发一个词汇打分系统，以便确定哪个词可能与其中一个关键词高度相关。这个步骤叫“模糊匹配”（fuzzy matching），它还会负责处理一些拼写错误（不管是有意的还是无意的），这有可能使那些确凿的证据无处遁形。例如，我们想要识别关键词“blackma1l”，就可以去查询一个十分接近的单词“blackmail”；如果“operation stork”是一个关键词组，那我们也可以去搜索“stork operation”。

但电子取证算法也会导致诸多不良后果。

首先，对就业方面而言，使用这样的算法会降低雇人的需求。这背后的逻辑是：一个聪明的计算机利用其无远弗届的关键词搜索功能，可以完成十几个人在一个尘土飞扬的仓库里所做的取证工作，毕竟这项工作是在用数字工具处理文件。但我们很快就会知道为什么这种推理可能并不一定站得住脚。

其次，法官在很大程度上可能会屈从于电子取证算法，因为他们对这个术语心存怯意。然而，算法领域尚缺乏相应的标准，对从事咨询工作的公司也没有尽职调查，至少从理论上讲可能导致相关文件被故意甚至是恶意地移交给另外一方。例如，辩护律师可能会向法官提交海量的数据（比如1TB或更多）——其数量之多使后者很难进行纯数据处理（这并不是什么新鲜做法，但在数字数据雪崩的时代这样做更容易奏效）。或者，法官们也可能会从各个相关方收集大量的文本信息、短信、电子邮件和其他文件。但同样的问题是，要将这些杂乱无序的文件梳理成纯电子文档也极其艰难，而且法官这样做一旦被发现还会给自己招致很大的麻烦。结果，他们在使用搜索关键词与文档本身进行匹配时，其实际效果会大打折扣。换言之，这种糟糕的模糊匹配应该归咎于电子取证算法本身。但确切地说，人类也难辞其咎。

电子取证算法还算比较容易对付，只要在拼写关键词时故意多写错几个字母它就很难发现问题。或者更狡猾的办法是，为了规避先进的关键词搜索引擎，文件中只使用非常普通的词句。比如，“我做了一样东西，并把它放在我的桌子上”，这样的词句永远不会被电子取证的过滤器筛选出来，因为它们实在是太不起眼了。对于一位单打独斗的律师来说，即使他是一名业界翘楚，要想从这样的词句中发现问题也可谓是大海捞针。我们不知道需要指派多少律师才能完成这项任务，也不知道还有多少问题没有发现，因为此时需要筛选的数据已经多得难以通过手工完成。

目前，电子取证正上演着一场军备竞赛：实力更强、财大气粗的律师事务所将配置更聪明的电子取证引擎，从而形成竞争优势。还是那句话，这不是什么新问题，而是源于新技术的新例子。它表明法律系统的反应越来越迟钝，透明度日益下降；它更倾向于保护有权有势的人，而不是那些几无胜算的原告或被告。

总的来说，电子取证算法存在的最大弊端是其失败后果难以估量。随着时间的推移，我们将越来越信任电子取证算法，这仅仅是因为我们不了解它的工作原理，也察觉不出它可能出现的问题。洞察问题的最好方法也许就是计算一下金钱与判决结果之间的关联，看看二者的关系正如何变得日趋紧密。

## 实例之二：利用算法帮助法院选择陪审团组成人员

利用算法挑选陪审员，这本来是一个好主意，或者至少有一定的积极效果，因为大数据和网上资料分析技术也许会召集一些改变了地址的人来担任陪审员。但这也导致了一个意想不到的问题——挑选出来的陪审员大都是些白人或有钱人。

但当算法用于实际的陪审员选择时，控辩双方都想用它来选定或拒绝某些陪审员，此时这种技术就会出现问题。最新的技术是基于人口概况的统计分析方法（demographic profiling method）。这原本是从政治投票和定向广告领域发展起来的一种统计方法，后来被互联网广告业发扬光大。其独到之处是可以预测各个潜在陪审员在某个问题上的立场和“被说服的可能性”，进而建议律师在辩护时要迎合陪审团中的某个人。就像政治精准定向广告（micro targeting ads）所做的那样，这种算法能够针对受众的心理感受进行量身定制。

这种情绪操纵的手段通常是轻事实重方法，显然有违正义原则。而且与上面电子取证的实例相似，这种由算法来选择陪审员的做法必然也会演变为控辩双方的军备竞赛，拥有更多先进预测技术那一方将大获全胜，而正义却不堪一击。

### 实例之三：利用算法预测民事诉讼的获胜概率

这是法律数据分析行业新出现的一个领域，在这里，电子取证技术有助于降低诉讼成本，从而意味着可以实现盈利最大化。算法在该领域的作用是预测哪些案件会胜诉、需要准备多少费用以及判决可能会是什么样的结果。算法主要通过先例来训练，也就是说，查看历史上那些根据判例法做出的判决结果并预测将来也会出现类似判决。这种算法并不要求预测的准确性必须高于50%，而是判断预期收益是否高于预期成本。这就涉及金钱的问题，体现了自由市场经济对待法律的方式。不用说，这样预测出的未来势必与过去的惯例如出一辙。

这个“民事诉讼胜诉率预测系统”（civil suit success prediction）存在一个明显的弊端，那就是“假败诉”（false negatives）比“假胜诉”（false positives）更难以测度，从而容易导致严重的不对称现象（此处的“假败诉”是指那些本来可以胜诉的案子被算法系统预测为败诉；而“假胜诉”则指那些注定要败诉的案子被算法系统预测为胜诉——译者注）。一般而言，律师事务所承接案子，即便败诉也能从错误中学到很多东西。可是在使用了预测算法后，律师事务所将选择性地承接案件，于是就很难再找到本来该赢却最终失利的案件素材了。因为算法知道以往什么样的案子很难赢，所以它们会更严格地替律师事务所选择应该承接哪些案子，从而导致律师事务所承接案子时会更趋保守。这个狭隘的不对称系统的最终后果是，它再一次创造出属于自己的现实。个人或者小团体将很难有机会说服大型律师事务所去冒险承接他们的案子，因为大公司的算法对此类案子推导出了消极的结果。

我们看到，个别律师事务所现在已经开始通过人工方式来评估一宗案子的胜诉机会、诉讼成本以及最终解决方案等事项。不同之处在于，人工处理不那么精确，更依赖于直觉。这意味着，与任何依靠历史数据进行训练的算法相比，我们的直觉更能"嗅"出某项法律或某个法官的风向变化。但坦率地说，将来也许根本不会有人愿意花时间去"嗅"这种风向了。

## 更严重的问题：人工智能导致道德沉沦

除了上面的例子，人工智能在法律领域的其他应用不胜枚举。比如，机器人法官已经出现在荷兰的法庭（Howgego，2019）；美国一半以上的州都开始利用算法对刑事犯罪被告进行犯罪风险评分；算法可以告诉警方哪些罪行是可解决的，哪些是可以忽略的；英国也在利用算法预测法律本身的性质将如何变化（Nakad等，2015）。

例如，对法官们所谓的"新印象案子"（case of new impression）人工智能将作何反应？这类案子会涉及变性问题，而且没有历史判例可依。算法会不会因为没有历史信息而对此类案子不予受理？如果将法律思维配置给人工智能，律师事务所是否还有必要保留那些擅长处理这类未来新问题的律师？如果答案是否定的，那会不会导致在法律体系之外又出现一个"法律黑市"来提供另类的司法方案？

当我们仅仅从获利或胜诉的可能性来狭隘地定义"成功"时，我们只是依赖过去的经验来训练算法，这无异于重复过去，甚至在强化过去的影响。如果把法律想象成反映我们道德观念的一个滞后指标，这种滞后就可能会日益严重。我们的法律会淹没在一堆自动生成的晦涩决定之中，而这些决定都是基于一套陈腐的、唯利是图的道德观。

不过你可能会问，会不会有律师事务所来扮演套利者的角色？换句话说，既然我们现在生活在一个法制金融化的时代（finance-ified legal age），难道不会有“对冲基金公司”在“有效市场”的边缘开展另类业务吗？它们有可能受理一些稀奇古怪的案子，只要这些案子有可能胜诉并赚到大钱。

我认为这样的类比经不起推敲。这是因为，一般的律师事务所通常只顾挣大钱而不是伸张正义，而作为比喻的“套利机会”则是被“市场”忽略的众多正义之一，但我们没有太多理由相信伸张正义会获得巨大的收益。法律的要义以及它不能很好地被“翻译”给人工智能系统的原因在于，它是一个深刻浸透着人性的过程，是对变化万千、不断演进的公平与正义理念的最佳诠释。因此，司法意义上的成功并不是那么容易预测，成功本身也没有一个简单的定义。

## 结论：没有轻而易举的解决办法

算法在法律领域的应用不是为了解决反垄断问题——如果人们愿意，垄断问题可以通过分拆大公司和鼓励竞争来解决。相反，它是许多律师事务所为了打赢官司、操控陪审员、节约成本、牟取利益而进行的自然选择。目前我们尚不清楚如何杜绝这种选择。即使我们每年关停五个最大的法律数据分析公司，其他的公司很快就会拓展这项服务。这些服务在很大程度上会协同工作，因为它们对成功的定义以及所拥有的历史数据大同小异。

为了确保我们的法律体系免于被彻底自动化，我们唯一能做的事也许就是以非常严肃的方式将宪法赋予我们的权利交给正当的法律程序，并坚持所有的算法应用——包括陪审团的遴选以及案件的选择——都要公开接受各种方式的严格检查。我指的是全面审查，而不仅仅是检查源代码，因为公开源代码并不总是保障透明度的有效形式。但最重要的是，有些事情我们必须拒绝被自动化。毕竟，正如《星际迷航》那位全息医生所扮演的道德化身（尽管他也是一个自动化角色，而且这一矛盾之处并未能逃过我的注意力），我们需要人类来监督社会的是非观念，并在法律领域得到体现。

## 参考文献


- Becker, J., & Howard, B. C. (2018). 4 Ways that Law Firms Benefit from Legal Analytics. *LexisNexis*. Retrieved February 16, 2019, from https://www.americanbar.org/content/dam/aba/events/professional_responsibility/2018_cpr_meetings/2018conf/materials/session1_ethics_issues/session1_all_materials.authcheckdam.pdf.
- Howgego, J. (2019, January 8). A UK Police Force is Dropping Tricky Cases on Advice of an Algorithm. *New Scientist*. Retrieved February 16, 2019, from https://www.newscientist.com/article/2189986-a-uk-police-force-isdropping-tricky-cases-on-advice-of-an-algorithm/.
- Nakad, H., Jongbloed, T., Herik, H., & Salem, A.-B. M. (2015). Digitally Produced Judgements in Modern Court Proceedings. *International Journal for Digital Society, 6*, 1102–1112. https://doi.org/10.20533/ijds.2040.2570.2015.0135.

# VII.

# 政策建议

15

Policy for the Future of Work

# 未来的工作政策

□ 大卫·格雷伯［伦敦经济学院人类学系］

**作者简介：** 大卫·格雷伯（David Graeber）是美国人类学家和社会活动家，伦敦经济学院人类学教授。著有《债务：第一个5000年》（*Debt: The First 5000 Years*）和《垃圾工作》（*Bullshit Jobs: A Theory*）。

没想到我会被安排在此次研讨会的"政策"环节发言，我觉得这有点讽刺意味，因为2004年我曾经写过一段简短的宣言，标题恰恰就是"反对政策"。我一直认为，"政策"与"意见"是相互抵牾的一对概念："意见"是无权无势者的看法，它对实际政策无关紧要；许多人因为决策者无视他们的想法而"闹意见"。与之相反，"政策"则意味着某些技术精英在审时度势之后，把他们的解决方案强加于普罗大众。后者基本上无权审议这些方案，甚至在很多情况下都不会被征求意见。

所以我很反感"政策"这个概念。不过，如果只是围绕大家正在讨论的一些概念简单地谈谈政策的实际应用，我倒是可以发表几点意见，并把各种线索联系起来。我研究"工作"这个课题已经有一段时间了，碰巧昨天刚收到一本关于这个主题的图书校样。这本书记载了我的一项研究成果。根据这项研究，我认为有两件事情与我们正在进行的讨论直接相关——它们也是许多关于工作及其未来这类研讨会上的老生常谈。

第一，几乎没有人指出他们的讨论框架存在着深刻的非理性。也就是说，与会人员似乎普遍认为机器人崛起是一件可怕的事情：它会使数以百万计的人口失业，这些人将来怎么办？于是大家认为将来自动化必定是个问题。让我惊诧莫名的是，面对我们所置身的这个已经彻底疯狂的经济体制，消除那些令人厌恶、枯燥乏味的工作形式居然会被视为一个问题。究竟会有什么问题呢？几千年来，我们祖祖辈辈都梦想着一个没有工作或工作的必要性大大减少的社会。终于，我们迎来了一个自动化革命的时代，但人们却突然不知所措。当前的经济体系已经使我们陷入困境，让我们不知道该如何安顿那些失业的人。

这种思想观念可以追溯到某个时候。我不知道大家是否曾经读过库尔特·冯内古特（Kurt Vonnegut）1952年出版的长篇小说《自动钢琴》（*Player Piano*）。小说讲述的是，当工厂里的工人都被机器人替代后，他们只会成天聚在一起酗酒打台球，一个个神情颓丧。也就是说，如果这些人不站在生产线旁没完没了地组装产品，他们大都根本不知道自己还能做什么别的事情。这样的情节表明冯内古特可能没好好学过人类学。如果他认真学完这门课程，他就会知道世界上很多地方的工人过去每天只工作三四个小时——就像美国人类学家马歇尔·萨哈林斯（Marshall Sahlins）后来在《石器时代的经济学》（*Stone Age Economics*）等著作中所介绍的那样（Sahlins，1972/2017）。奇怪的是，这些人都不会变得无精打采和郁郁寡欢，他们会变着花样自娱自乐。由此可见，失去工作本身并不会导致什么问题。

那么，如今我们怎么会因为丢掉工作或大幅降低工作时间而变得不知所措呢？为什么我们不能设想建立这样一个经济体系：在劳动力需求减少和物质变得丰富的情况下，它能够以一种更加合理的方式重新分配工作，这样我们就可以利用更多的业余时间来享受丰富多彩的生活。这应该不是什么难题。与一个人可能面临的所有经济问题相比，很难想象还有比这更容易解决、更令人向往的“问题”了，但我们却被这个问题搞得晕头转向。我们惊慌失措，仿佛市场资本主义根本无法应对这件事情。这就相当奇怪了，因为我们一直被灌输的思想是：必须接受市场资本主义而不是任何其他社会制度，因为资本主义的效率奇高无比。但实际上我们发现，至少在面对21世纪的诸多问题时，资本主义竟然毫无效率可言。

第二，没有人认真分析这样一个事实——机器人崛起引发的危机感和对自动化的恐惧之前就曾出现过。它发生在20世纪30年代，但在20世纪60年代末又引起了另一场巨大的道德恐慌（moral panic，指人们感到社会秩序遭受威胁时所产生过度焦虑——译者注）。我认识一位名叫温·麦科马克（Win McCormack）的人，当时他正在一个智库工作。他告诉我，那段时期美国所有的常春藤联盟大学都在组织讨论：“当工作全部消失、当工人阶级都被工作抛弃后，我们将何去何从?”《自动钢琴》的情景一度令人感到自动化的威胁似乎迫在眉睫。后来，在1971年前后，像阿尔文·托夫勒（Alvin Toffler）《未来的冲击》（*Future Shock*）这类书籍纷至沓来，它们表达的就是那个时期大众的心声。托夫勒提出了一个他称之为“加速推进”（accelerative thrust）的概念，认为技术发展的速度正在呈几何级加快，体现在新的专利数量、新能源应用等各个方面。以当时人类飞行可以达到的最快速度为例，按照托夫勒所说的几何级加速，那么由此推算到现在我们都可以在太阳系的其他星球上任意遨游了。不过颇具讽刺意味的是，虽然托夫勒使用了“加速推进”这个词，但事实上就在他写这本书的时候，这个“加速器”的指标已经见顶并戛然而止：1969年，阿波罗10号登月飞船创下了每小时3.9万千米的人类最快飞行速度，从那以后，我们就再也没有制造出比它更快的载人飞行器了。托夫勒预测的大部分趋势几乎也在那个时刻开始放缓。

尽管如此，当时还是有一种普遍的道德恐慌，它主要表现为对财富与休闲太多、技术进步太快所造成的社会后果的极端恐惧（难怪托夫勒由此成了新保守主义者的宠儿）。道德恐慌中还包含许多明确的反女权主义者情绪。舒拉米思·费尔斯通（Shulamith Firestone）就曾写道："（女权主义）将给父权制家庭造成何种影响？当我们都是试管婴儿的时候世界会变成什么模样？"人们在她写这句话之前一直就担心会发生这样的情况。"当整个工人阶级都被工作抛弃并且每个人都变成嬉皮士时，那将是什么情景？"显然，在当时的背景下人们期待出现一些高效率的福利国家，它们至少可以更加合理地重新分配社会物资。我们可以明显地观察到当时的一个政策效果：研发项目开始大规模地从"太空时代"技术以及其他热门的未来主义技术，转向医疗、信息和军事方面的技术——也就是转向有助于社会控制的技术。可以说，大概就是在这一时期，这些技术开始盛行于福利国家。

不知何故，如今我们再度陷入道德恐慌，但这一次出现了某些异乎寻常的基本规则。

正如我前面提到的，认为机器将夺走人们的工作并导致灾难性后果，这样的观点在20世纪60年代或者冯内古特《自动钢琴》面世之际就已经存在，甚至还可以追溯到大萧条时期乃至19世纪的维多利亚时代。20世纪30年代，凯恩斯发明了"技术性失业"（technological unemployment）一词，并称其为当时大规模失业的主要原因之一。于是便有人认为，既然早在20世纪30年代就一直预测的结构性失业至今也没有出现，那我们现在为什么要杞人忧天呢？另外，20世纪四五十年代也曾出现过类似情况。当时约翰·肯尼迪总统曾召集了一次由各方人士参加的会议，商讨如何应对迫在眉睫的自动化以及将来机器人替代所导致的失业潮——但这种情况最后同样没有发生。有鉴于此，我们没有理由认为此轮自动化革命的结果较之前会有什么两样。

然而，也有这样一种论点，认为从20世纪30年代开始经济学家们就一直在预测的大规模结构性失业的确存在，只是我们没有察觉而已。我想在这里专门谈谈这个问题。如果大家认真去了解一下就会发现，凯恩斯著书立说那个年代被认为是必不可少的工作岗位如今的确被淘汰了不少（顺便说一句，按照凯恩斯的预测，我们再过10年时间，也就是2030年，就可以实现每周工作15小时的目标了）。可见技术性失业并非虚言，而我们也有可能生活在他预测的那种社会环境中。然而，我们却创造了新的就业形式，让人们继续有事可干。我们也许会说这些工作都是大家彼此需要的，因为没有充足的理由说明这些工作大都不必存在。

现在，我们可能对以下这类观点并不陌生，我也不想在这里赘述其中那些尽人皆知的陈词滥调。一个典型的叙事是，我们应当克制自己的妄想，因为它会无休无止地创造出新的欲求。这是一种典型的基督教理念：上帝诅咒“堕落的人类”，令其欲壑难填，人类也因此丧失了自己的理智。如果用不那么神学的方式来说就是：假定人们可以在更多的休闲和更多的消费品之间进行选择的话，他们通常会不约而同地选择后者。也就是说，我们选择了消费主义。这样的叙事显然契合了20世纪80年代以来围绕服务经济兴起所展开的讨论。但这些叙事大部分都是言过其实。如果大家看看有关数字，白纸黑字历历在目。一个关键的问题是看你如何定义服务工作。如果是简单地按照凯恩斯那个年代的概念来界定服务工作，比如给别人理发或者端咖啡，那你会发现，过去100年间绝大多数工业化国家中受雇于服务业的人数整体上相当稳定，约占就业总人口的20%。只是这些服务工作者的构成发生了一些变化，家政服务人员数量下降而咖啡馆的服务人员却有所增加，但整个服务行业工作者的占比几乎没有变化。最大的变化是信息技术、行政、文书、管理和监管等领域的就业人数急剧上升。与此同时，农业特别是工业领域的就业人数出现大幅下降。由此可见，离开旧工厂和农业岗位的人主要不是去了服务行业，而是成为了办公室的白领阶层（office worker）。

2013年，在我写完一篇题为《论垃圾工作现象》（On the Phenomenon of Bullshit Jobs）的短文之后（它其实属于一种思维实验），上述现象引起了我的兴趣。当时我有个朋友刚创办了一本新杂志《罢工！》（STRIKE! Magazine）。他让我写点“振聋发聩”的东西。正好当时我有一份一直想写但估计通常没有人愿意刊发的论文清单，于是我就从中选个题目写了一篇交给他。文章原本是想反映自己脑子里一个挥之不去的困惑：每当我碰到参加学术聚会的人或同事的配偶，我常常问他们以什么为生（或者说是做什么的）。但结果往往相当尴尬。他们会说，“哦，没做什么”，或者“嗯，老实说，没做太多的事情，我其实一天只工作两三小时。可别告诉我老板哦，我大部分时间都在玩脸书”。实际上这样的人屡见不鲜。我有时还会遇到一些对自己工作嗤之以鼻的人，他们往往告诉我：“我是一家公司的律师。但说实话，整个行业都无聊之极，我真希望别有这样的工作。”于是我开始想：有多少人处于这样的状态？其产生的道德和心理影响是什么？我们不妨想象一下，有的人每天早上一睁开眼就去上班，但心里却默默地认为自己的工作毫无意义、根本不应该存在；或者明明知道自己去公司不过是装模作样混上8个小时，但仍然心照不宣，每天早出晚归。实际上，作为工人阶级家庭出身的我对上述情景感同身受（格雷伯的父母是自学成才的工人阶级知识分子，母亲曾是一名制衣工人，父亲曾参加过西班牙内战。在2005年的采访中，大卫·格雷伯称自己从16岁起就一直是一名无政府主义者——译者注）。我知道，上班过程中最可怕之处就是假装在工作，即使你已经完成了工作，但因为老板一直盯着你，在下班之前，他不想看到你在办公桌前东倒西歪的模样——不管有没有需要做的事情。我禁不住要想：“哦，老天爷！如果一个人的整个工作都是这副样子那该如何是好？这就是中产阶级成天都在做的事吗？难怪这么多人看上去既沮丧又空虚。”

我在这篇短文中写道：也许这就是我们到目前也没有实行每周工作

15小时的原因。不管怎样，反正我们给自己弄出一堆刻意制造的工作岗位，仅仅是因为我们认为每个人都应该工作。这里存在一种令人难以置信的道德要求。这篇文章虽然是个思维实验，但如果一个实验被人们的反应所证实，那就可能确有其事。文章发表后不到三周就被翻译成了十几种语言，点击量达到了数百万次，甚至造成《罢工！》杂志网站多次崩溃。我开始源源不断地收到各种邮件，有人告诉我："我在金融服务业工作。您的文章写得太真实了，今天我们在办公室传看了八遍"。别的且不说，这至少表明金融服务行业有许多人的确是在混日子。从此，这篇题为《论垃圾工作现象》的文章便流传开来。人们开始忏悔，比如"我是公司律师。但我对社会毫无贡献，为此我一直深感内疚"。有人在在网上匿名坦白，他们都不好意思向朋友和家人承认自己每天所做的事情，因为实际上他经常是什么事情都没做。

很清楚，我犯了一个大忌——这样的社会问题岂能如此公开讨论！环顾当下，报纸专栏作家或者电视嘉宾，一个个都是社会的卫道士，他们满嘴都是年轻人如何好逸恶劳，天天鼓吹工作才是解决所有社会问题的良方。你能想象有这么一个人站出来写下一篇专栏文章，指责我们的许多工作实际上毫无意义并鼓动大家停下脚步放飞自我吗？ 人们认为，工作的价值就在于其本身，"努力工作"是每个人的"本分"，如果你不努力工作那就是有违本分。而且所有这一切都被固化到我们的政治言论之中。由此可见，垃圾工作这个问题实在是不应被当众道破。

然而，我们心里都明白这件事情非同小可。我记得在2015年，因直接受我那篇文章的启发，英国民调机构"舆观调查网"（YouGov）做了一次民意调查，一年后又在荷兰做过一次。民调结果显示，在英国，所有参加工作的人当中有37%都认为，如果他们的工作不存在的话那也无所谓。这个数字令人震惊（Dahlgreen，2015）。我自己原以为这个数字会是民调结果的一半左右，也就是15%~20%。在荷兰，民调结果显示的数字更是高达40%。在英国，只有50%的人坚信他们的工作完全具有某种社会意义。

在某种程度上，我们早就知道有很多人认为他们的工作纯属浪费时间，因此我在文章提到的那些事情应该也谈不上太激进，但我显然还是捅了马蜂窝。我不停地自问：这些人说的是实话吗？但我只能假设这些人的话都是发自肺腑。毕竟没有比他们自己更清楚自己的工作。如果你认为你的工作在某种程度上是有用的，我会信以为真；但如果你认为自己的工作毫无意义，那我也不会怀疑。然而，也有个问题值得深思，因为还有许多人从不说自己的工作毫无意义。如果你是护士、公交司机、灭虫工人、杂货店员，你可能不喜欢你的工作，但是你绝对知道这些工作都需要有人来做。我自己的研究结果清楚表明，真正的服务工作从业人员如店员、女招待等也有同样的感觉。由此可以推断，如果说工作总人口中有37%的人觉得他们的工作毫无意义，那么这就意味着几乎每个办公室白领都发自内心地认为自己的工作“真的没有必要”。

此外你还得考虑所有为他们提供后勤保障的人。如果那37%~40%的工作人员什么事都不做，而他们的办公楼还需要不少人去做保洁、浇花草、当保安。这些后勤保障都是实实在在的工作，正是因为这些人的辛勤工作，那些白领才能坐在办公室里无所事事。如果我们再把一些实际工作比如文书和会务也纳入垃圾工作（调查显示，从事这类活动的人通常也认为自己做的事情毫无用处），那么你绝对可以说，在我们的社会中有50%以上的工作完全没有必要存在。如此想来，我们实行每周20小时工作制也似乎指日可待。但问题是我们该如何以及从哪里得到这样的政策（关于政策问题我一会儿再谈）。

那么，我们为何会落到如此荒唐的境地？个中原因可谓一言难尽，我在文章中探索了各种可能的答案。可以肯定地说：左派和右派在政策问题上能达成的唯一共识就是——只要能增加就业，其余问题都可以迎刃而解。这种对就业的需求往往缺乏深思熟虑。至少你从来听不到任何人说“我们需要更多的就业，但必须是那些实实在在干活的工作”。你也听不到有人反对那些为了降低失业率而保留许多垃圾工作岗位的政策。正因为如此，无论在美国还是英国，人们都把富人奉为“就业创造者”，政府也理直气壮地利用税收制度将国民财富更多地分配给他们，以便他们能够创造更多的就业。没有人真的会说：“哦，这倒是不错，但要确保那些工作有点用处哦。”有人认为，市场永远不会产生无用的工作，而只会以某种方式向富人送出更多的钱，借此可以给他们施加政治压力，让其雇佣更多的人工作。这就是所谓的“自由市场经济”。因此，如果从事这些工作的人觉得自己的工作毫无裨益，那也肯定是他们自己的错，工作从其本义而言就是有用的——至少在私人部门是如此。这又是一个常见的误解：如果你看看民调结果显示的数字，垃圾工作在公共部门和私营部门几乎不相上下。

可以说至少有两个层面的缘由需要我们检讨：一方面，我们要从大型组织内部的体制驱动来探讨制造和维系这种荒唐局面的原因，对此已有不少现成的社会学和经济学文献可供参考；另一方面，我们还必须追问一个更加宏观的道德和政治问题，为什么大家对这种荒唐的局面无动于衷，甚至有时候还推波助澜。实际上，我曾在奥巴马总统的一个访谈中发现了其中的奥秘（Sirota，2006）。他公开承认：“当然，建立全民医保体系或单一支付者保险制度（single payer insurer）肯定会更富有效率，因此大家一直都希望我们拥有这样的制度。但是，那些办公室白领该怎么办？我们还有两三百万人工作在私人医疗服务行业。如果我们建立一个高效的系统，所有这些人都将丢掉饭碗。”从这些话中，我们等于听到一个美国总统在说社会主义制度比市场经济体制更富有效率，而他之所以喜欢市场经济，仅仅是因为它可以让大量的人去从事不必要的工作。由此可见，有一种政治意愿在维护这样的状况，政府当局公开承认他们就是想要让这个创造不必要工作岗位的引擎永不停息。毕竟你可以解雇工厂工人或司机，告诉他们失业是他们自己的过错；但那些白领阶层一向是民主党的核心票仓，这帮家伙可是得罪不起。此外，奥巴马总统虽然口头上表示要真正改变现行制度，不仅要建立社会化的医保体系，而且要创造一个更加公平的按劳分配制度。但实际上，这些议题最后都被束之高阁。“希望+改变”并不意味着“希望像这样去改变”。这就是我为什么说奥巴马归根结底还是一个保守派的原因。其结果正如奥巴马所言，数百万的人继续在他们认为对社会毫无用处的岗位上虚掷光阴。说得更严重一些，这是对人类的极大伤害。

还有几个问题我认为也有必要在这里加以讨论。一个是关于所有这些无用的工作对社会价值观的影响。纵观历史，我们必须牢记的是，劳动价值论在19世纪几乎被各个阶层广泛接受，尤其是在美国。但企业资本家刚刚产生时，人们对其抱有满腔仇恨，称他们为“强盗男爵”（robber baron）。随后“强盗男爵”一方开始发起大张旗鼓的思想反击。这场反击从美国开始，钢铁大王安德鲁·卡内基（Andrew Carnegie）等企业资本家是其中的代表人物。他们宣称：工人创造财富；或者说工作应该是一个人的主要表现方式，是一种自我实现，也是自我价值感的基础。这场反击取得了惊人的效果。其结果是，当你在1850年一提到“财富创造者”这个词，每个人都会认为你指的是工人阶级（但如果你现在说“财富创造者”，人们就会以为你指的是企业老板）。与这种思想相伴而至的是，人们认为应当以他们所消费的东西来衡量自己的价值。这里存在一个明显的问题：在这种情况下，你如何来验证劳动的价值？工作不仅仅是赚取消费品的一种手段，它还与道德密不可分（记住，美国可是一个热衷于道德说教的社会）。于是，对工作的解读一步步回归古老的清教徒教义：工作本身具有道德价值。

如果你翻阅工作社会学文献，或者调查富裕国家人们的工作满意度，你几乎总会发现自己面对一个同样的悖论：一方面，人们从自己的工作中找到了价值感以及在这个世界上的存在感；另一方面，大多数人却对自己的工作深恶痛绝。很难想象人们怎么能同时承认这两件事，但显然很多人的确如此。

清教主义传统为我们提供了一个答案——顺便说一句，清教主义可以追溯到比加尔文主义（calvinism）更早的时期，一直到中世纪甚至早期的基督教思想。通过工作，人们感到被认可，他们从中获得了自我价值感。工作犹如一件世俗的苦行衫（secular hair shirt），它本来就应该令人感到针扎般的痛苦。正是这种痛苦使人们可以心安理得地享受消费时所带来的舒适和愉悦。但由此也导致这样一种认识：从工作中得到的快乐和成就感越多，这份工作的正当性就越低，它就越不像一份货真价实的工作，因此你得到的报酬也该相应减少。每个人其实都有这种感觉。比如，我们当中有许多人在做一些富有生活情趣并且自娱自乐的事情时，他们经常就会有这样的念头："没想到做这件事情居然还会有报酬！"这种感觉在那些具有明显社会公益性质的工作（比如促进科学发展或提供娱乐活动）中尤为突出。但这种认识存在一个非常严重的道德误区，它使我们觉得轻松愉悦的工作就不应该获得跟那些令人痛苦的工作一样高的报酬。为那些艰苦或危险的工作（比如下水道维修、消防或者工业化捕鱼）提供补偿，那倒也合情合理。但事实上，这类工作的报酬往往也很低，部分原因竟然是由于这些工作的必要性太强。就好像人们在从事这类工作的过程中，因为意识到自己是在做一件有益于他人的事情，是在以某种方式造福世界，是在反抗"工作可悲"的价值观，由此产生的满足感使他们可以不顾工作环境恶劣、报酬低下和社会上的蔑视。尽管也有个别例外，但总的来说，社会效用与工资报酬之间大体上呈负相关：从事那些显然有用的工作往往比从事基本上没用（或者做这类事的人自己觉得没用）的工作所获的报酬少得多。

令我感到困惑同时也相当不安的是，居然有如此多的人会认为这样的安排在道德上无可厚非。人们一直都这么说："我们不会希望教师的工资太高，因为我们不想让那些冲着钱而工作的人来教育自己的孩子。"但奇怪的是，我们从来没有听到任何人说："我们不希望银行家们挣钱太多，因为我们不想让一些唯利是图的人来照管我们的钱财。"由此导致了一种奇怪的政治怨恨。右翼活动家经常用这样的话来煽动对教师的怨恨："你们应该有自我牺牲精神。当你们知道自己在造福于我们的孩子时，你们已经从中感受到了快乐。你们怎么还好意思索要养老金、假期、完善的工作保障和良好的工作条件？"对汽车制造工人也是如此："都让你们来造汽车了，难道这还不够吗？你们是在给社会提供生活必需品，怎么还要指望得到每小时28美元的报酬？"这样的政治怨恨在美国由来已久。同样，在这个国家你还会看到各种针对公共服务工作者的匪夷所思的道德诡辩。2008年国际金融危机之后，社会上都在号召要共同作出牺牲，但大家却能容忍这样一个事实：造成这场危机的银行家们并不需要作出太多牺牲，只需向公众略表歉意就足矣；那些成天在办公室无所事事的白领们也不必作出牺牲，因为他们在知道自己如寄生虫般的生活后，内心已经经历了煎熬。然而，他们却要求救护车司机、护士或消防员作出牺牲。给人的感觉是，那些人本来就具有自我牺牲精神，要不然他们为什么会选择报酬低下（或相对较低）但对社会至关重要因此也很高尚的工作？这些人是在对社会积德行善，而且他们还可以再多作出点牺牲——把工资降下来。平民百姓虽然不乐意看到银行家们全身而退，但炮制这些政策的政党却最终赢得了大选，而且可以说是连赢两场（指奥巴马在2008年和2012年两次总统大选中获胜——译者注）！可想而知，这些寄生虫们当然不会被视为怪胎并被扫地出门。

这种颠倒黑白的价值观，正是那种自我牺牲、自我约束和自我克制工作观的必然结果。

至于导致垃圾工作有增无减的内在机制，这是一个比较机械的问题，虽然也很有趣，但我可能没有时间去加以细述。显而易见，经济的金融化进一步加速了各个大型组织早已存在的上述就业趋势。虽然我没有对这个问题进行定量分析，但我确实做了一些定性研究，而且在这方面获得了一些很能说明问题的研究成果。我曾在社交媒体上收集证词，为此建立了一个专门的电子邮件信箱，总共收到超过250份证词。这些证词短的只有一段话，长的多达18页，它们介绍的垃圾工作来自各行各业。然后我对那些比较有启示性的证词进行了详细询问。

其中一个比较有趣的证词来自一位在多家银行工作过的效率专家。严格来说他是位安全专家，但他的工作是研究银行内部运行，然后提出改进建议，确保银行运行更加简化和更加安全。在这样的岗位上，我相信没有人能比他更了解银行的运行情况。他告诉我，根据他自己的估计，在普通的大银行中，80%的工作人员都是完全没有必要的。这些人要么无事可做，要么他们的工作可以轻易地被机器取代。他补充说，他们中的大多数人都没意识到自己的工作是多此一举；员工们只知道具体工作的细枝末节，却不掌握他们置身其中的整个工作流程，所以他们并不认为这些流程荒唐可笑。这位效率专家还说，15年来自己提出的每一项改进建议都没有得到采纳。每当他提出一项计划来裁减冗员时，最终都会遭到叫停。因为裁员意味着某些高管手下管理的人员就会减少，他们在银行里的地位也会因此受损。瞧瞧，一个人在大公司里的威望（甚至还包括他的薪酬）居然是根据有多少下属来决定的。因此，一旦高管们发现“裁员意味着自己要失去25个员工”，他们就会坐立不安。难怪这位效率专家的每项建议都会遭到上司的否决。终于，他意识到自己从事的就是一份垃圾工作，因为他处在那个岗位上不过就是一种摆设，只是为了让银行看起来好像是有一个提质增效的计划，但实际上并非如此（Graeber，2018）。

我还了解到另外一件令人惊诧的事情，那些核心业务是分配大量资金的金融公司——主要指金融、保险和房地产（finance，insurance，real estate，FIRE）领域的大型公司，比如银行、会计师事务所或保险公司——常常会故意用非其人，或采取其他方式，以确保企业运行处于最低效率。有份证词来自一位在某家五大会计师事务所工作的人。他的工作是处理支付保护保险（payment protection insurance，PPI）走账业务。他告诉我，公司经常故意胡乱培训员工，把办公室设在错误的城市，把文件销毁后又让员工重新创建一次。如此荒唐之举，都是因为公司知道，走账的时间越长，公司就可以占用资金越久。这有点像狄更斯小说《荒凉山庄》中那个“詹狄士诉詹狄士案件”（Jarndyce vs. Jarndyce）。如果你在运行一个自上而下的经济再分配体系，它主要不是围绕工业生产来组织，而是要设置许多毫无必要的官僚主义层级。金融化越是彻底，这种低效率体系所付出的代价就越大。如今，源于金融业的这种荒唐逻辑正逐步成为一种常态并向其他行业蔓延。

大学也未能幸免。在此我顺便要反驳一下《经济学人》（*The Economist*）。该杂志在我那篇关于垃圾工作的文章刊登后，立即发文予以回应。他们试图证明不断创造新的白领工作实际上是必要的，因为在日趋复杂的全球供应链下，生产的数字化程度和效率不断提高，我们需要数倍于从前的人手来从事管理工作。所以他们声称，这些垃圾工作就相当于20世纪四五十年代工厂中那些无聊的异化工作，但它们同样也是不可或缺，因为我们的财富增长有赖于这些工作。

对此，一个难以自圆其说的问题是：为什么大学也会出现这种现象？学术活动跟全球供应链、集装箱海运、日本式的“准时”生产配额（“just in time” production quotas）有什么关系？与50年前相比，大学里面教书育人的工作似乎也没变得复杂多少，我们所做的事情基本上一如从前。但不知怎么搞的，突然间需要多出两倍的人来管理同样的事情——相对于教师和学生的总数，学校管理人员的数量只出现小幅上升，但行政人员却几乎增加了两倍。

此外，我们不妨再比较一下美国的公立和私立大学。数据显示，私立学校的行政人员增长速度超过公立学校，其人数总体上增加了两倍。究其原因，主要是由于学校现在雇佣的每个“大人物”，比如副教务长或战略规划主任，都会觉得自己是一家公司的高管，他们不仅要求有六位数的年薪，而且一进校门就要自动配备两三名吃闲饭的手下——毕竟学校领导并非货真价实的公司高管，所以必须配备几个马仔来摆摆谱。他们先雇用几名助手，然后琢磨点事情让他们去做。那么他们做些什么呢？一般来说，这些“大人物”会弄出一堆花样翻新的文案工作让像我这样的人去做，比如研究一下时间分配、总结一下工作，最后再拼凑一份精心炮制的工作报告以证明本部门有理由继续得到原有的经费。总之是挖空心思为这些无用的工作编造存在的理由。我称之为管理体制上的封建主义（managerial feudalism）。大多数大型公司中都存在这种现象，在生产者和高管之间增加五花八门的经理层。这种人浮于事的组织流程已在各个领域泛滥，金融机构和大型官僚企业是始作俑者，如今逐步发展到甚至连创意产业都纷纷效仿。艺术领域出现了策展人，新闻节目除了编辑之外还得需要制片人。电影和电视编剧不断抱怨自己与监制之间经常隔着六七层行政人员，而且他们个个都自以为是，成天指手画脚。他们装模作样对剧本修修补补，结果却使之变得不伦不类。

这种等级森严的封建化管理体制，已经感染了各类组织，无论是公共部门还是私营部门。

在这里，有人可能会问我一个问题：难道就没有相应的对策吗？

很明显，你不能就事论事地解决这样的问题。在英国学术界，我们经常调侃的一句话就是“建立一个委员会来讨论如何解决委员会太多的问题”。同样，如果指望通过出台一项政府动议来解决垃圾工作的问题，其最终结果就是创造更多的垃圾工作。一个可行的解决办法是，我们应该深刻反省，从思想观念上寻找问题的根源。

例如，在我们今天进行的所有讨论中，大家都想当然地认为工作是必要的：如果一份工作存在，那它一定有其存在的道理。但我有充分的理由认为事实并非如此。如果我们的政策研讨会一开始就这样假设——很多工作是不必要的，而且从事这些工作的人对此也心知肚明，但他们又根本不敢公开谈论这些事情，否则自己就会被扔进失业大军吃救济——那情况将会怎样？

这就是为什么我认为垃圾工作这种“瘟疫”及其造成的痛苦是我们为全民基本收入计划（Universal Basic Income，UBI）提供的最好的论据之一。关于UBI的一个奇怪现象是，它居然能够得到经济界和政界不同立场的思想家广泛支持，比如马丁·路德金和米尔顿·弗里德曼等。但仔细分析，其中部分原因在于这些UBI拥护者的诉求实际上各不相同。可以说UBI大致有三个版本。

第一个是自由派版本。其基本主张就是给每个人都发放收入补贴，但金额算下来不太足以维持生活。奥巴马便赞同这套方案。我认为这不难理解：“进步分子”或左翼中间派以及自由主义者，现在基本上都属于保守派，因为他们的兴趣主要在于如何尽量维护现行体制。

第二个是右翼版本。其基本主张是通过保障性收入制度（guaranteed income）来缩减部分福利国家所存在的无条件免费领域，比如医疗、教育和住房。米尔顿·弗里德曼等人就赞同这套方案。

第三个是左翼版本。它主张彻底切断生计与工作之间的联系。这意味着需要急剧扩大无条件免费领域，不仅敞开提供免费医疗和教育服务，而且要求政府对住房市场进行一定程度的干预以防止食利阶层漫天要价。根据这个激进版的UBI，政府应确保每个人的收入足以维持一种有基本保障且舒适安逸的生活，然后让他们随心所欲去做自己喜欢的事情，自主选择如何为社会作贡献。人们或许会把这种制度称为“经济自由”（economic freedom）。但这听起来很是奇怪，因为我们向来认为“经济自由”是指人们拥有出卖自己的权利，或者最多在我们集体被奴役的状态下拥有一点点权利（“经济自由”的理念是，所有个人都拥有自由处置自己财产的固有权利。这种权利后来逐步延伸到可以自由选择自己认为合适的工作并寻求公平的报酬。其核心思想是允许个人作出任何负责任或不负责任的选择——译者注）。然而，对于历史上的大多数人来说，自由当然就是意味着拥有不出卖自己的权利，或者说拒绝在他人的命令之下工作。当你提出像UBI这样的建议时，人们的正常反应当然就是对自由的恐惧：如果你允许每个人随心所欲决定自己做什么，他们必定会游手好闲而不是去工作；因为他们不仅懒惰，而且也想不出自己到底该做什么；再说，你怎么知道他们会不会做出一些愚蠢的事情呢？

有鉴于此，来自专业管理阶层（professional-managerial classes）的人虽然承认采取一些激进的措施是必需的，但通常更倾向于实施“就业保障计划”（Job Guarantee，JG）来解决问题。不过从历史上看，这种方案通常会导致更多的垃圾工作。避免这种情况的唯一办法就是将JG建立在UBI之上。这样才能确保没有人为了安身立命而被迫去做一份毫无意义的工作。在这种情况下，JG有助于人们经过充分的自我调整从容地找到有用的工作，而不再需要官僚机构来替他们安排。

但作为一种选项，JG的结局注定也是灾难性的。因为它依旧是建立在人性懒惰这一错误前提之上的方案。实际上，人们大都期待在生活中有所作为，所以即使有UBI，大多数人也不愿意成天坐享其成。经济学一向教导我们，人总是指望不劳而获，或者希望“一分耕耘十分收获”。如果真是这样的话，那些尸位素餐的人应该最开心了。但事实上，他们几乎一致表示自己过得百无聊赖。

那么下一个反对意见就是：如果让每个人都依照自己的方式来贡献

于社会，那么他们中的一半人会决定去当诗人或者去发明永动仪，你会看到闹哄哄的街头音乐家和滑稽可笑的哑剧演员四处游荡，犯罪分子和瘾君子肆无忌惮，我们心目中的文明也将分崩离析。这就是我前面所说的对自由的恐惧。就拿那些无用的工作来说吧。如果允许人们随心所欲选择自己想做的事，我们将会产生多少蹩脚诗人？真的能占到总人口的2%、3%甚至4%吗？显然不可能。而眼下我们有37%~40%的在职人员都认为他们的工作不仅完全没用而且毫无乐趣。如果你的工作就是整天对着一份医疗表格做标记以便使某人可以获得税负减免，这样的工作简直无聊透顶。没有人愿意做那样的工作，除非为了钱。但与此同时，我仍然可以看到，即使没有人强迫，也有人愿意去修理下水道、清除地雷、承办丧葬或加入商船队，假如还能获得额外报酬的话，他们更是乐此不疲。的确也有人会为此提供额外报酬，因为它们都是必要的工作。

然而却没有人愿意做那些毫无意义的文书工作。因此，如果这些人全都辞职，他们可以组成瓶罐乐队（jug band）——即使是一个蹩脚的乐队，或者去研究如何应付外星人绑架，甚至可以拼出老命去创造高龄性行为世界纪录。所有这些看起来荒诞不经的事情，都会令他们感到比在垃圾工作岗位上更加快乐。很难想象他们当中会有超过三分之二的人能够鼓捣出什么在其他人看来完全没用的东西。当然，如果他们当中真有个把诗人或音乐家最后成为莎士比亚或迈尔斯·戴维斯（Miles Davis，美国爵士乐大师），或者某个科学怪人真的发明出“远距传物”装置（Teleportation，又被称为“量子远距传物”，就是通过使用光传播对物理对象进行复制或再创造。这种技术最早出现在科幻片《星际迷航》当中，至今仍有许多科学家对此展开研究——译者注）或“曲速引擎”（Wrap Drive，一种假想的超光速推进系统，常常出现在科幻小说中——译者注），那这些人给社会带来的贡献将难以估量。

鉴于技术性失业早已存在，我们实际上也完全陷入了对垃圾工作的

“集体否认”的状态（collective denial，“集体否认”指的是由于某种原因，比如超越心理承受能力或基于各种利害关系，大家对真相视而不见并一致否认，就像“国王的新衣”里面的情景——译者注），但我们没有选择集体解放，反倒是因为看见有些人不必工作就能坐享其成而感到义愤填膺，进而拼命地相互折磨。然而，创造一个清醒的社会总是有办法的，那就是把所有人从垃圾工作中解脱出来。我的观点听起来有点激进，但鉴于目前许多工作已经实现了自动化，我提出的设想应该更容易实现并且对社会更加有益。我们现在唯一要做的就是揭开掩盖周围现实的“集体否认”面纱。

## 参考文献


- Dahlgreen, W. (2015). 37% of British Workers Think Their Jobs are Meaningless. *YouGov*. Retrieved August 2, 2019, from https://yougov.co.uk/topics/lifestyle/articles-reports/2015/08/12/british-jobs-meaningless.
- Graeber, D. (2004). Fragments of an Anarchist Anthropology. Chicago: PricklyParadigm Press.
- Graeber, D. (2013). On the Phenomenon of Bullshit Jobs: A Work Rant. *Strike! Magazine*. Retrieved August 2, 2019, from https://strikemag.org/bullshit-jobs/.
- Graeber, D. (2018). Bullshit Jobs. London: Allen Lane.
- Keynes, J. M. (1930). Economic Possibilities for Our Grandchildren (1930). In *Essays in Persuasion*. New York: Harcourt Brace.
- Sahlins, M. (1972/2017). Stone Age Economics. Reprint. Abingdon, Oxon and New York: Routledge Classics.
- Sirota, D. (2006, June 26). Mr Obama Goes to Washington. *Nation*.
- Toffler, A. (1970). Future Shock. New York: Random House.
- Vonnegut, K. (1952). Player Piano. New York: Delacorte Press.

16

Automation and Working Time in the UK

# 自动化与英国的工作时间

□ 瑞秋·凯伊［伦敦全球研究中心］

**作者简介：** 瑞秋·凯伊（Rachel Kay）是伦敦全球研究中心的研究员。加入该中心之前，她曾在剑桥大学发展研究中心攻读硕士学位，在此期间她主要研究中国与中亚国家之间的集市商品贸易，特别是集市贸易对跨国关系的影响。

## 为什么要讨论工作时间？

工作时间近年来成为英国媒体上热议的话题，争论的焦点是英国工会联盟（The Trades Union Congress）建议我们到21世纪末实现每周工作4天的目标。不过在追问这个目标的必要性和可行性之前，我想首先讨论为什么工作时间会成为大家分析和争议的对象。为此，我们需要稍稍离题去探究一下工作定额的发展历史，以便帮助大家理解为什么关于工作时间的某些规范仍然沿用至今，从而为后面的讨论提供必要的背景知识。从历史的角度看，工作定额并非一成不变，它始终在与时俱进。

由于工业革命期间工厂工作的兴起，工作时间问题就开始引起了广泛关注。随着当时薪酬工作日益集中化，工作条件也逐步变成雇主一人说了算。这与之前家庭作坊式的制造业工作定额迥然不同。从家庭到集中工作场所的广泛迁移也许是工作史上发生的一次最大变革：在人类历史的大部分时间里，工作一直与生活的其他内容紧密结合，甚至难分彼此。随着制造业的集中，家庭作坊的计件报酬制转变成了工厂的计时工资制。自此，围绕工作时间长短便开始出现争议。虽然我们给“工作”这个概念赋予了各种意义，但如今它的主要含义还是指有报酬的工作，其中的一个原因也许就在于对工作时间的划分。当我们说到“工作时间”时，我们所指的工作就是有偿劳动，而不是什么有目的或“工具性”的活动（Volf，1991）。这种对工作的不同理解很值得关注，我稍后会专门谈一谈这个话题。

由于计时工资制的出现，要求缩短工时并制定相关法律的工人运动在19世纪风起云涌。工人运动取得了巨大胜利。在工业化国家，1870年的每周平均工作时间为60~70小时；从那以后，工作时间持续缩短，并在1900—1940年快速下降。导致这一结果的主要原因有三个：从立法层面规定工作时间和节假日；工会施压要求缩短工作时间，行业主动倡议。面对工作时间的显著减少，凯恩斯在1930年作出了著名的预言：再过100年，我们就会每周只工作15小时。凯恩斯认为，随着技术进步，劳动生产率将相应上升，这意味着人们为满足个人需要而工作的时间必定会越来越短。

然而，凯恩斯的预言迄今并没有实现。第二次世界大战以后，英国的每周工作时间下降速度趋缓；从20世纪80年代至今，英国的工作时间基本保持不变。为什么每周的工作时间没有继续下降？有人给出了许多可能的原因，其中包括：20世纪80年代以来生产率增速总体下降；鼓励长时间工作的英国企业文化；对消费品贪得无厌的追求；被广告煽动（Skidelsky, R., & Skidelsky, E., 2013）。在我看来，制度变化才是决定工作时间的根本因素，因为是制度创造并维系着工作定额。这个观点与最近国际劳工组织（International Labour Organisation，ILO）下设的“全球未来工作委员会”（Global Commission on the Future of Work）作出的判断不谋而合。该组织的报告认为：任何有关确保体面工作的议程都离不开对构建劳动制度的投入（2019）。

在这种情况下，最重要的制度安排就是工会。在英国，自20世纪80年代以来，工会地位的弱化不仅降低了工人的议价能力，而且还改变了雇主和雇员之间的权利关系。纵观所有欧洲国家，不同的制度框架带来了不同的工作定额。由此我得出的结论是，为了改变工作定额，我们首先应该集中精力去改革现行制度。

英国工会联盟的一项调查发现，80%的英国工人都希望在未来减少工作时间。其调查结果显示，相比其他一些欧盟国家如德国、丹麦、荷兰和法国，英国雇员工作时间较长但生产效率偏低。以2016年为例，英国全职雇员每周的平均工作时间在所有欧盟国家中最长，达到42.3小时（Smith，2018）；丹麦排名最低，只有37.8小时。但与此同时，仍有大约8%的英国工人希望在雇主规定的工时基础上再增加工作时间（Stirling & Lawrence，2018），因为工作时间太少对于低收入人群来说是一个严重的问题。2017年，这些人每周工作时间的中位数只有27.5小时（D’Arcy，2018）。如今的英国，工作不足导致的贫穷与过度工作所追求的高消费同时并存：这既是一个社会问题也是一个环境问题。显而易见，处理好工作时间分配已成为英国的当务之急。

## 赞成减少工作时间的主张

自18世纪60年代工业革命以来，两个主要动机推动着“减少工作时间”（Working Time Reduction，WTR）运动。第一个动机是追求员工幸福。这既包含增进员工的健康和安全，也意味着将WTR作为一种社会进步的标志。例如，19世纪80年代美国工人运动高唱的“八小时之歌”

（Eight-hour Anthem）就呼吁："八小时工作，八小时休息，还有八小时归自己！"历史上，工会的诉求通常是在不降低工资的情况下减少工作时间，以避免低收入者的工资受损。WTR的第二个动机是通过改善现有工作的分配来减少或避免失业。在过去的一个世纪里，每逢经济衰退这个动机就表现得尤为强烈。例如，在2008年国际金融危机之后，一些英国雇主纷纷缩短基本工作时间或减少加班（van Wanrooy等，2014）。在这种情况下，工资也随着工作时间减少而相应下降，但工人们认为这种解决办法总比直接失业更可取。

在针对过去几十年工作时间长短的争论中，一些支持WTR的论点得到补充。人们认为，WTR缓解了工人的身心疲劳，有助于提高工作效率。而经合组织（Organisation for Economic Cooperation and Development，OECD）的数据也显示，其成员国工人的年工作总时数与工人每小时GDP产出呈显著的负相关（《经济学人》，2013）。虽然这并不意味着两者互为因果关系，但确实说明缩短工作时间未必会降低产出。另一种观点则涉及性别平等以及缓解工作与家庭之间的冲突。提倡两性平等的人呼吁制定新的工作时间标准，以便能够在男女之间更合理地分配有偿和无偿劳动。WTR可以让人们腾出更多的时间来从事没有报酬的育儿工作和其他家务劳动。这不仅可以让妇女平等地参与劳动力市场，还可以鼓励男子在家庭生活中扮演更为重要的角色。最后，评论者们认为WTR有助于促进经济发展的可持续性。

毋庸置疑，社会的过度生产和过度消费已对环境造成了极大破坏，这可能是我们这个时代最紧迫的问题。提高劳动生产率，不仅是为了增加产出，而且也是为了创造更多的休闲时间，从而给人们带来更多的非物质利益。但很明显，WTR的各种动机并不都是相辅相成的。例如，如果WTR导致某些行业生产效率提高，这可能意味着没有必要再雇佣新的工人，因此，失业问题将日益凸显。

我认为，将WTR与工人幸福联系起来的观点最具有说服力，它有助于增进工作与生活之间的平衡。最近，新西兰的信托基金“永恒卫士”（Perpetual Guardian）开始进行每周工作四天的实验并引起了媒体的广泛关注。实验结束后，员工们反映WTR不仅改善了工作与生活之间关系，而且提高了生产效率，最终公司决定将每周四个工作日作为一项固定制度保持下去。减少失业率的说法不太令人信服，因为几乎没有确凿证据（即使有也存在争议）表明WTR方面的立法会有助于增加就业的。WTR对就业的影响只有在经济衰退时期才被证明有效，而且也仅仅是有助于防止失业率上升（Bosch，2000）。

## 工作是负担还是幸福？

在回答这个问题前，我们必须弄清楚工作在我们生活中所扮演或应该扮演的角色（这里的定义是有偿的雇用工作）。这个话题已经在娜恩·克雷格（Nan Craig）的文章中得到充分论述，但我还是想在这里简单地概括一下。因为关于WTR的讨论与自动化替代人工的利弊这场辩论密切相关。这场辩论大致可以分成两个阵营。第一阵营认为，人类需要工作才能过上有意义的生活。因此，如果自动化导致就业数量减少，那它就应当被视为一种威胁。第二阵营则认为，工作就是一种负担，如果没有工作，我们都会过上更加充实的生活。第二阵营中最激进的主张就是左翼分子提出的具有乌托邦色彩的“加速论”（accelerationism），该理论认为，自动化的步伐应当全速推进，从而帮助我们早日实现一个无需人类劳动的社会（Nick Srnicek & Alex Williams，2015；Aaron Bastani，2018）。

我个人认为，在可以预见的未来，答案将有异于上述两个阵营的观点。第一阵营的人经常援引的例子是，在英国一些受去工业化

（deindustrialisation）影响的地区，许多社区的居民全部失去了工作和收入来源，他们的存在感和自尊心备受打击。然而，这种结果与特定的环境有关，它并不意味着工作本身对人生意义不可或缺。有偿工作突然消失之所以会让那些受影响的人感到心灰意冷，那是因为他们一时找不到能替代工作的事情来填补内心的空虚。以我之见，并不是有偿工作本身赋予了我们生活的意义。相反，我们可以借用米洛斯拉夫·沃尔夫（Miroslav Volf）的观点：工作就是一种"工具性活动"（instrumental activitiy），是一种针对某种目的活动，不管它是有偿的还是无偿的（Volf，1991）。任何一种活动，无论它是通过社会的、物质的、精神的方式，还是以其他方式，只要它使我们与周围的世界产生持续且有目的的关联，那它就必然是有意义的。逐步减少有偿工作的时间，而不是突然和彻底消灭有偿就业（这在任何情况下这都是极不可能的），可以让人们慢慢地寻找到其他有意义的事情，并逐步使之得到社会的认可。

然而，这场社会学范畴的辩论实际上仅仅是纸上谈兵，除非有两种情况的确发生：新的自动化技术一定会得到应用；一旦它们得到应用，就一定会降低对人力工作的需求。但实际上这两种情况都不是注定会发生的。

首先，近年来英国采用的自动化新技术远远少于其他一些欧洲国家（如丹麦、德国等）。自动化技术的应用依赖于诸多因素，而不仅仅是因为技术本身的出现。其中一个因素就是，用于替代劳动力的资本投入必须有利可图，否则就不太可能发生。英国最近出现的生产率增长放缓，部分原因就在于其放慢了技术应用的步伐（Bailey & Harrop，2018）。

其次，新技术带来的生产率提升并不会自动地缩短工人的工作时间或提高他们的工资。正如我前面提到的，过去三四十年英国生产率的提高并未导致工作时间缩短。如果要将自动化作为增加休闲时间的途径，我们尚需制定相应的政策。此外，新技术也决不会降低对工作的总体需求。历史上技术变革创造新就业机会的实例比比皆是，各种文献也早有记载（Frey，2019）。一旦工人被机器取代，需要重点考虑的是他们能否顺利过渡到新的工作岗位。正如马丁·奎恩（Marrten Keune）和法比安·德克（Fabian Dekker）所观察到的：自动化的影响极其复杂，行业之间各不相同（2018）。

很明显，WTR不会因为新的自动化技术出现而必然发生。如果我们认为WTR是可取的（我本人也同意这种看法），那就需要改变政策。假如英国要减少工作时间，那应该如何实施呢？我们有必要借鉴那些工作时间短于英国的工业化国家的经验，并审视过去我们为WTR所作出的努力。

## 个案研究

一直以来，我们主要通过这样几种方式来达到WTR的目的——立法、集体谈判、行业倡议以及个人自愿。我曾以荷兰、德国和法国为例进行个案研究，发现它们对上述方式进行不同的组合并取得了相应成效。

荷兰全职雇员的每周平均工作时间为39小时，低于英国全职员工。荷兰主要是通过集体谈判来缩短工作时间。但更值得注意的是，荷兰有非常多的人自愿从事兼职工作。在整个20世纪80年代和90年代，兼职工作大幅增加。如果把全职和兼职员工算在一起，荷兰人每周平均工作时间不到30小时（De Spiegelaere & Piasna，2017）。荷兰兼职工作人员的占比在欧洲名列前茅，70%以上的女性工作者以及超过25%的男性工作者都有一份兼职工作。如此大规模的个人自愿减少工作时间即便不是绝无仅有，那也可谓实属罕见。

为了鼓励兼职工作，荷兰通过立法给予兼职工人与全职工人同等权利。例如，兼职工人现在享有与全职工人同样的最低休假补助和培训机会。此外，根据 2000 年的《工作时间调整法案》（*Working Hours Adjustment Act*），荷兰的全职工人有权减少工作时间，而兼职工人如果想多干点工作，他们也可以增加工作时间。只有当雇主能够证明这样做会严重妨害企业或组织的利益时，他们才能拒绝工人对调整工作时间的请求。然而，只有当雇员得到足够优渥的薪酬并因此对增加休闲的兴趣超过对涨薪的兴趣时，他们才会自愿减少工作时间。

通过制定维护工人权益的法律，荷兰消除了对兼职工作的待遇歧视，成功地改变了与兼职工作有关的公共规范。荷兰的做法对于许多英国工人来说都是行不通的，因为英国大约有18%的工人目前被归为低薪阶层。

相比之下，德国主要通过行业层面的集体协议实现了WTR，这些协议一直沿用至今。截至2004年，行业一级的集体谈判使五分之一的德国工人得以每周工作35小时（Hayden，2013）。最近，德国铁路与交通工会（Eisenbahn-and Verkehrsgewerkschaft，EVG）为其代表的工人争取到一个在提高工资和增加休假之间进行选择的机会。2017年，铁路公司56%的雇员投票赞成增加6天带薪假日。这也是唯一可能的选择，因为员工们已经对他们的工资感到心满意足。德国有比英国更强大的集体谈判机制，因为在20世纪80年代，英国的大多数雇主联合会都被解散或不再参与集体谈判。英国现在主要采用公司级谈判。虽然部分行业——比如纺织业和建筑业——仍然存在行业级别的谈判，但在大多数情况下，特别是在私营部门，劳资谈判仍停留在公司或工厂层面。这种谈判模式由于覆盖人员较少，所以不如行业谈判有效。此外，英国的工会密度（union density，即工会会员占员工的比例）很低，在私营部门，工会会员约占员工总数的13%。

法国是近年来唯一在国家层面专门针对缩短每周工作时间进行立法

的国家，先后于1998年和2001年出台了两部相关法律，将每周工作时间减少到35小时。目前还很难对这项立法的长期效果进行评估，因为其后保守党政府出台的一系列反改革措施削弱了上述立法的作用。

1998年的法案规定，WTR不能导致工资降低。这部针对WTR的首套法律将新的法定工作时间设定为每周35小时，到2000年，雇员超过20人的公司均达到这一目标。该法律还规定，应当为参与WTR谈判并且维持或增加就业岗位的公司提供财务支持，其主要目的就是创造新的就业机会。然而，这项法案却遭到雇主们的反对。他们与雇员之间签署了WTR自愿协议，以换取工作时间上更大的灵活性和低水平的就业创造。这就是2001年出台第二部法案的原因。

此次立法有两个目的：首先是为了减少失业，其次是为了改善生活质量。这些目标仅部分得以实现，并未达到预期的效果：只创造了35万个就业岗位，低于最初预测的数量。原因之一是很多公司在缩短工时的同时增加了工作强度（Hayden，2013）。例如，通过晚上和周末加班来提高工作时间的灵活性，从而导致一些员工的生活质量下降。此外，在2001年进行的一项调查发现，家里有12岁以下孩子的父母绝大多数都赞成WTR（Méda，2013）。

从这些案例研究中可以明显看出，制度和规范在决定工作时间长短中发挥着核心作用。文化规范不是一成不变的，它们可以通过制度变革加以改造。就像荷兰案例显示的，最初兼职工作在该国并未得到广泛接受。正如欧洲工会研究院（European Trade Union Institute）的研究员斯坦·德. 斯皮格拉雷（Stan De Spiegelaere）和阿格聂斯卡·皮亚森纳（Agnieszka Piasna）所指出的，WTR制度取得成功的秘诀就在于“细节决定成败”（2017）。因此，我们需要深入研究英国劳动力市场的具体细节，以便制定出符合国情、通时合变的WTR政策。

## 英国劳动力市场面临的挑战

目前，英国劳动力市场尚存在许多问题。我认为，在考虑为WTR立法之前，必须首先解决这些问题。目前大家讨论较多的问题是，英国的生产率增长缓慢，实际工资水平自2008年以来一直停滞不前。根据英国国家统计局最新发布的数据，自2016年推出“国民最低生活工资标准”（National Living Wage）以来，低收入工人（指收入水平低于中位数工资三分之二的工人）的比例有所下降，但仍处于相对较高的17.8%。不言而喻，缩短法定工作时间无助于那些低收入或就业不足的人。

虽然非典型和“不稳定”的工作最近几年变得越来越普遍，但正如大卫·科茨（David Coats）在《废墟中的碎片：社会民主的蝶变》（*Fragments in the Ruins: The Renewal of Social Democracy*）一书中所指出的那样，所谓的“经济优步化”并没有达到标题党经常渲染的那种程度（Coats，2018）。长期合同制的全职工作人员仍然占劳动人口的大多数：这类工人的百分比在2008—2010年从65%降至63%，从那以后一直没有太大变化。尽管如此，尚不清楚缩短法定工作时间是否或如何影响临工经济（gig economy）领域的工人。

正如前面提到的，英国的工会密度较低，而且几乎没有行业级别的谈判，这种情况导致自动化所带来的好处很难转化为更高的工资或更多的闲暇。不仅如此，英国已经面临技能短缺的问题，雇主们正想方设法招揽熟练工人来填补成千上万个工作岗位。制造业及建筑业受人力短缺的影响尤为严重（Aubrey，2018）。除非拥有足够数量的熟练工人来掌握自动化技术，否则英国将很难分享到自动化的红利。

最后，WTR议程在所有国家都面临着一个无法回避的挑战：不同职业受WTR的影响各不相同。对于那些需要人员现场服务而不是讲求生产率的职业（如保安、招待员等）而言，减少工作时间将不会通过生产效率的提高来得到补偿，而只能是雇佣更多人手，因此它们必须得到某种资金支持。在其他方面，比如社会工作，WTR导致的效率至上可能会以牺牲服务质量为代价。由此可见，追求WTR并非对所有职业都是可行的和可取的。

## 政策建议

正如本文所表明的，如何组织工作时间关系到当今社会面临的许多问题。然而，本文的目的并不是要提供一个周全的政策路线图，而是围绕工作时间这个问题展开进一步对话。为此，我愿意抛砖引玉，就制度建设如何成为WTR议程的核心问题提出一项政策建议。

我的建议是，英国需要建立新的社会伙伴关系机构（social partnership bodies），以便处理自动化、工资和工作时间之间的关系。如前文所述，低工资是英国长期存在的问题。低收入工人的利益以前曾由工资委员会（Wages Councils）来维护。该委员会由同等数量的雇主和工人代表组成，以确定弱势工会行业（weakly unionised sectors）的工资标准。然而，约翰·梅杰（John Major）政府于1993年废除了这项制度。为此，我建议成立一些与工资委员会理念相似的机构，但必须作出相应调整，使其更适合解决英国当前面临的各种挑战，其中包括来自自动化的挑战。与工资委员会相似，不同机构对应不同的具体行业，它们将集雇主、工人代表、工会和政府于一堂，共同制定战略，对问题行业进行有针对性的投资以提高其生产率；同时，利用生产率提高所带来的好处，在不降低工资标准的情况下减少工作时间。不过，在低工资行业，当务之急是增加工资而不是减少工作时间。

这些机构需要获得雇主和工人的认可从而具备合法性。正如科茨等人所言，这类机构要有所作为就离不开雇主的支持（Coats，2018；Brown & Wright，2018）。由于这个原因，如果仅对雇主提出要求，那么即便重启目前大家十分关心的行业集体谈判也无济于事，因为雇主们已经习惯于独立制定工资标准和工作条件。我认为，把提高生产率作为目标纳入这些社会合作团体的议程，将有助于解决这方面的问题，因为这也符合雇主自身的利益。

当然，这只是一个孤立的建议。由于工作时间涉及各方利益，我们需要统筹考虑各种因素才能提出一项令人信服的WTR政策建议。我的出发点是，必须承认制度在确定工作定额方面的核心作用，必须意识到构建合法且有效的制度的重要性。只有建立了一套行之有效的制度，才能催生并巩固我们所期待的工作时间标准。

## 参考文献


- Aubrey, T. (2018). Why Adaptive Technical Skills Systems are Needed to Capitalise on the Technological Revolution: Challenges for the UK. In M. Neufeind, J. O' Reilly, & F. Ranft (Eds.), *Work in the Digital Age*. London: Policy Network.
- Bailey, O., & Harrop, A. (2018). UK: Preparing for a Digital Revolution. In M. Neufeind, J. O' Reilly, & F. Ranft (Eds.), *Work in the Digital Age*. London: Policy Network.
- Bastani, A. (2018). Fully Automated Luxury Communism. London: Verso Books.
- Bosch, G. (2000). Working Time Reductions, Employment Consequences and Lessons from Europe: Defusing a Quasi-religious Controversy. In L. Golden & D. Figart (Eds.), *Working Time: International Trends, Theory and Policy Perspectives*. London: Routledge.
- Brown, W., & Wright, C. (2018). Policies for Decent Labour Standards in Britain.

*Political Quarterly, 89*(3), 482–489.

- Coats, D. (2018). *Fragments in the Ruins: The Renewal of Social Democracy*. London: Policy Network.
- D'Arcy, C. (2018). Low Pay Britain 2018. Resolution Foundation. Retrieved from https://www.resolutionfoundation.org/app/uploads/2018/05/Low-Pay-Britain-2018.pdf.
- De Spiegelaere, S., & Piasna, A. (2017). The Why and How of Working Time Reduction. Brussels: ETUI.
- Frey, C. (2019). The Technology Trap. Princeton University Press.
- Hayden, A. (2013). Patterns and Purpose of Work-Time Reduction—A Cross-national Comparison. In A. Coote & J. Franklin (Eds.), *Time on Our Side: Why We All Need a Shorter Working Week*. New Economics Foundation.
- ILO. (2019). Global Commission on the Future of Work.
- Keune, M., & Dekker, F. (2018). The Netherlands: The Sectoral Impact of Digitalisation on Employment and Job Quality. In M. Neufeind, J. O' Reilly, & F. Ranft (Eds.), *Work in the Digital Age*. London: Policy Network.
- Méda, D. (2013). The French Experience. In A. Coote & J. Franklin (Eds.), *Time on Our Side: Why We All Need a Shorter Working Week*. New Economics Foundation.
- Skidelsky, R., & Skidelsky, E. (2013). *How Much is Enough? The Love of Money, and the Case for the Good Life*. London: Penguin.
- Smith, R. (2018). This Country Works the Longest Hours in Europe. *Weforum.org*. Retrieved from https://www.weforum.org/agenda/2018/02/greekswork-longest-hours-in-europe/.

17

# Shaping the Work of the Future: Policy Implications

# 重塑工作的未来：政策意图

□ 伊姆加德·努布勒［国际劳工组织］

**作者简介：**伊姆加德·努布勒（Irmgard Nübler）是国际劳工组织（ILO）驻日内瓦研究部的高级经济家，负责技能培训、学徒制度、产业政策以及培养就业能力等方面的项目开发工作，曾主持“技术生产转型与就业”研究项目。在加入国际劳工组织之前，努布勒曾是柏林自由大学的经济学教授，并在波士顿麻省理工学院以及内罗毕大学发展研究所从事研究工作，拥有柏林自由大学经济学博士学位。

我们从历史中汲取的一个重要教训是，新技术对未来工作前景的影响是不确定的，需要加以引导和塑造，社会和政府也将面临各种选择。此外，经验表明，各国的创新行为不尽相同，因此，新技术对劳动力市场和就业的影响也有所差异。虽然市场力量发挥着重要作用，但它们仍植根于社会之中。这就凸显了制度、社会共享的知识和信仰体系、社会态度和追求在塑造未来工作方面的根本作用。

首先，本文将为分析政策意图提供一个宽泛的框架。我认为，技术变革是一个复杂多变、成本高昂的曲折过程，本文将解释那些能够毁灭、创造和改变工作岗位的各种力量。其次，本文还将讨论一系列政策。这些政策旨在促进学习、创新、经济转型以及劳动力市场的调整，从而在技术变革的背景下创造更多就业。

## 政策框架

该框架涉及三个内容不同但彼此相关的概念，旨在解释新技术与未来的工作有何联系，并在此基础上提出一系列政策建议。

### 流程创新、产品创新与市场力量

为了便于展示不同类型的创新对未来工作的影响，本文将从广义的角度来界定技术变革和创新。技术被定义为有用的知识，创新则是指企业家的新商业理念及其在经济中的应用。此外，根据熊彼特《经济发展理论》（*The Theory of Economic Development: An Inquiry into Profits, Capital, Credit, Interest, and the Business Cycle*）中的主张，我们将创新划分为流程创新和产品创新。流程创新涉及生产商品和提供服务的新方法以及新的工作组织或商业模式；而产品创新则表现为产品差异化、产品质量显著提高，以及开发全新的产品甚至形成全新的产业和部门。

历史经验表明，市场力量在推动流程创新中发挥着重要作用。在硝烟弥漫的市场竞争中，企业家面临着提高生产率的压力，他们纷纷采用各种节省劳动力的技术来提高生产率。在企业竞争主要通过拼价格、拼成本和拼质量的工业生产模式下，对生产率的追求显得尤为迫切。因此，自工业革命以来，自动化和生产系统碎片化已成为技术变革的长期趋势。企业通过节省劳力进而减少就业的方式提高了生产率和竞争力。流程创新则不仅导致就业率下降，而且还将提高职业和工作内容的复杂性。

市场力量也能创造就业，至少可以部分弥补工作岗位流失。人们已经找到了各种调节机制。技术导致的生产率增长，如果转化为更高的工资和更低的价格，将提高国内产品的市场需求和扩大产出。此外，更高的利润将刺激投资，从而有助于企业通过创新和规模经济进一步提高生产率。

不仅如此，随着生产率的提高，工资逐渐增加，工作时间相应减少，人们对休闲活动的需求也会增加。自工业革命以来，这种因果关系推动了整个新兴休闲业和服务业的发展，从而创造出许多新的就业岗位。由于休闲业也采用新技术，新的工作往往变得更加复杂和需要更高的技能。这一论点的关键假设是，流程优化所形成的生产率增益（productivity gains）被工人和消费者共同分享，从而促进需求和本国生产（Vivarelli，2014）。

新资本、软件和机器人产业的崛起是创造就业的另一个主要动因。相同的流程创新使用户行业的工人成为冗员，但也很有可能在生产商行业创造出更多的岗位。新的机器人和智能机器需要有人开发、设计、制造、维护和修理。此外，物联网、工业4.0、数字泰勒制（Digital Taylorism，是传统泰勒制的升级版，指的是利用数字化方式对员工加以区分和管理，漠视对员工的人性关怀。亚马逊和谷歌这类数字经济巨头的管理模式通常被视为当今数字泰勒制的典型——译者注）、无人驾驶汽车、大数据和人工智能均需要大量投资建设新的基础设施，比如宽带、交通设施、IT设备以及日益复杂的软件。

因此，流程创新和补偿效应虽然对就业既有破坏作用也有创造作用，但总体上它们创造的就业岗位少于它们所替代的工作岗位。而且，随着产品创新而出现的新工作和新职业往往更加复杂，需要更高的技能。资本和人力资源相互促进，导致目前对科学家、工程师和技术人员的需求不断上升，特别是在专业、软件和计算机的交叉领域出现了许多新的职业，比如大数据架构师和分析师、云服务专家和数字营销专业人士。

## 技术经济范式的转变：社会需求与政治抉择

历史表明，技术变革是一个动态的、曲折的、长期的过程。技术变革常常被比作遵循特殊动态规律起伏跌宕的波浪。上一波技术变革始于20世纪初，其主要标志是电网的扩散和内燃机的广泛采用。当前这一波浪潮被定义为由20世纪70年代初微处理器发明所引发的数字技术革命，其具体代表就是包括互联网、机器人、大数据、人工智能等在内的新一代信息通信技术（ICT）。

乔瓦尼·多西（Giovanni Dos，1982）、克里斯托弗·弗里曼（Christopher Freeman，1988）和卡洛塔·佩雷斯（Carlota Perez，2002）等人将技术浪潮的动态过程描述为技术或技术经济范式（Techno-Economic Paradigm）的转变。根据佩雷斯的描述，每个范式都分为三个不同的阶段，每个阶段又以不同的循环来标记，以便人们能够识别每个阶段的起始。在第一阶段，流程创新占主导地位。企业和工人都在学习新的（以及之前不曾学过的旧的）工作方式。然而，由于机械化、自动化和新近出现的机器人化提高了生产率，这一阶段也出现了意想不到的后果：技术性失业和工人的焦虑，居高不下且日益扩大的社会不平等（生产增收未能在劳动力与资本和技能所有者之间进行公平分配），金融泡沫和危机，现行体制与经济和劳动力市场需求之间日益加剧的紧张关系。

第二阶段堪称“黄金时代”，其主要特征体现为产品创新。企业家们不断探寻新的活动，目的就是创造价值、激发创新与模仿，让新的增长型产业取代现有产业。新的制度支持这些转型变化和生产结构的多样化，同时社会也对未来的生活方式和消费模式形成新的共识。技术变革和创新被视为积极因素，因为它们创造了新的和更好的工作岗位与职业。最后，第三阶段的特点是创新活动减少，生产率增长趋缓。

在技术范式转变过程中，维持变革动力的关键是处在第一阶段和第二阶段之间的过渡期。这种转变不是自动的，也不能由市场产生。原因在于，经济领域的这种根本性变革只能由新的社会需求和新的政治抉择来推动。迈克尔·波兰尼认为，新经济制度总是伴随着社会组织变化而不断发展，例如，市场经济的演变就是以市场型社会的出现为基础的（Polanyi，1944）。

但重要的问题是，究竟是什么触发了社会转型以及新的社会和政治需求？历史表明，技术范式第一阶段的意外后果（失业、不平等、金融和经济危机）不仅在社会中引起了焦虑、愤懑和彷徨，而且导致了对政治不稳定的担忧和对现存制度的怀疑。社会中的这些撕裂效应将激起反抗运动。波兰尼在其著作《大转型：当代政治与经济的起源》（*The Great Transformation: The Political and Economic Origins of Our Time*）中指出，我行我素的市场给社会带来了无边无际和无拘无束的变化，如果人类社会没有创造出保护性的应对措施，它最终将被市场所毁灭。因此，新的机制如工会和工厂法应运而生（Polanyi，1944）。

### 集体创新能力

最后，我将对社会能力这一概念进行分析，旨在解释社会在推动多样化和向“黄金时代”过渡方面所发挥的重要作用。实证结果表明，各国在创新模式和创新步伐上存在较大差异，创新在净就业创造方面的效果也因此各不相同。主流经济学文献强调从要素禀赋、生产能力、产业结构和比较优势方面的差异来解释各国在创新方面存在的不同之处，因为这些因素决定了成本结构，从而确定了哪些技术和产品有利可图。然而，最根本的问题在于，如何能够让社会建立一套制度，以确保劳动力市场能够应对流程创新所造成的破坏性影响，能够动员其中的创造力和企业家精神，开发新产品，培育新产业，创造新就业，从而有效地启动和管理经济转型。

社会能力被视为动态发展过程以及有助于增加就业的创新过程中的

重要驱动力（Abramovitz，1986；Lall，1992；List，1841）。国际劳工组织提出了一种以知识为基础的理论，旨在解释社会能力存在于何处、如何产生以及它们如何塑造了结构性和技术性变革。

基于不同学科发展起来的知识理论，国际劳工组织认为，创新能力蕴藏在社会的知识宝库中。它们存在于社会的集体层面，而不在个体的知识或技能之中。社会开发新产品的能力植根于知识和技能的混合体。遵循多元化的演进方式，我们将产品描述为不同知识和技能的组合，因此，某个社会中技能与知识的特殊组合决定了一个国家适合发展哪些技术、产品和行业。一般来说，劳动力的技术知识和竞争能力越是多样化，企业就可以开发出更多的有用产品。创新不仅需要团队精神、沟通技巧和各有所长的技能，同时也需要拥有专注于细节、坚持不懈地寻找解决方案而且喜欢单独工作的人员。

知识的混合体决定了产品创新和结构转型的有效模式，而体现在制度中的规则、程序和集体知识则决定了一个社会在以下方面的能力：管理变革过程，寻找新解决方案，激发创造力和创业精神以及工匠精神，引导人们的选择和行为。例如，达伦·阿西莫卢（Daron Acemoglu）和詹姆斯·罗宾逊（James A. Robinson）在《国家衰落的原因：权力、繁荣和贫困的根源》（*Why Nations Fail: The Origins of Power, Prosperity, and Poverty*）一书中指出，使社会大多数人受益的包容性制度也是技术变革的核心驱动力。熊彼特在解释不同社会在“创业精神”（entrepreneurial spirit）以及推动创造性破坏（creative destruction）过程的能力方面存在的差异时，特别强调了社会制度的重要作用。此外，基于“SMART”原则的学徒制度在职业、技艺和高级工艺方面进行了高质量的能力强化培训［SMART apprenticeship，是指根据SMART绩效考核原则制定的培训制度。其中，S代表具体（specific），M代表可度量（measurable），A代表可企及（attainable），R代表相关性（relevant），T

代表时限性（time-bound）——译者注］。

文化、意识形态、宗教和哲学等社会共享的信仰体系决定了这些制度的性质，因此，为了提高创新能力而改变制度时也需要改变这些信仰体系。例如，在20世纪三四十年代，美国形成了所谓的“消费社会”（consumer society），并催生出新的制度，如消费信贷和商业广告。消费社会改变人们的消费模式和生活方式，激发了对消费品的巨大需求，从而创造出新的产品、新的产业和新的就业机会。这些变化是由一种新的信仰体系推动的，这种信仰体系将消费商品和服务与幸福、自由和社会地位联系在一起，并对其给予了无限的希望。不仅如此，这种信仰体系还取代了崇尚节俭、重“存在”轻“占有”的价值观。

本章提出的政策框架试图解释技术变革如何影响未来的工作。我认为，技术变革就是努力探索解决问题以及应对经济、社会和政治需求这一过程的最终结果。而流程创新和产品创新的划分，则是为了解释结构性经济变革、创造就业和降低失业率背后的主要机理（Dosi 1982）。该框架解释了目前正在对政策形成挑战的两种不同就业创造动力。首先，当劳动力市场适应了具有生产率优势的流程创新对就业的破坏效应后，它就会创造新的就业机会。就业机会预计出现在与技术、资本商品、研发以及休闲相关的领域和部门。其次，社会思维、心态、追求以及因发展目标变化而引起的新的社会和政治需求，也会创造新的就业机会。然而，各国在转型和创造就业方面的表现将取决于其推动社会创新和管理转型的能力（Nübler，2016）。

利用上述框架来分析当前的技术、经济和社会趋势，我们得出的结论是，许多技术发达国家正处于数字技术和数字经济范式的转折点。这就要求各国政府调动创造力和各种社会能力，在前进道路上形成新的共识，并且有针对性地进行特定的研发和创新，从而塑造能够满足新的社会需求的生产模式。

## 制定适应未来工作的政策

上述框架的广泛性引发了相关领域的一系列政策问题：强化个人和社会的学习能力；引导科学、技术和创新去创造就业；增强劳动力市场的活力。

### 制定以满足技能需求和加强能力建设为目标的全面学习战略

教育和培训政策被视为对技术变革的最重要反应。我们面临的挑战之一是向学生传授21世纪劳动力市场所需的技能（Karstgen and West，2015）。然而，未来的技能需求具有高度的不确定性，因为我们不了解特定国情下技术变革和创新行为的性质和发展速度。此外，各国在教育和培训体系上存在明显差异。这些差异源于各国的文化区别以及社会对不同教育形式和学历的评价。例如，在奥地利、瑞士和德国等国家，大学毕业生在劳动力中所占的份额相对较低。原因是许多年轻人中学毕业后就参加学徒培训，此类培训深受社会和企业青睐。相比之下，在学徒培训不受重视的国家，技能教育主要依靠学校，从而导致大学毕业生在劳动力中所占的比例很高，这种情况主要存在于盎格鲁—撒克逊和拉丁语族国家（前者主要包括美国、英国、加拿大、澳大利亚等国；后者主要指意大利、法国、西班牙和葡萄牙等国——译者注）。换句话说，社会共同的态度和思想观念（信仰体系）对各种学习形式赋予了不同的价值（Nübler，2018）。这意味着各国需要制定契合国情的战略以应对技术发展的不确定性。例如，一些国家注重预测技术变革和未来所需的具体技能，随着技术变革带来新的需求，这些国家便开始提供旨在培养工人技能的终身学习系统。与此同时，另外一些国家则对青年工人和学徒进行一系列与数字技术范式相关的技术和核心能力培训，旨在培养工人内在的灵活性，使之能够在没有进一步培训的情况下掌握新技术。

不仅教育和培训系统需要应对当前和未来劳动力市场的技能需求，社会同样也需要营造相应的学习氛围，不断改善社会的知识基础，从而形成强大的创新能力。这种学习可以发生在不同的地方——中学、大学、培训中心、企业、生产系统以及家庭和社区。这样就会产生两种不同的能力。

一方面，教育培训政策通过传授更为复杂的技能和提高技能储备的多样性，不仅夯实社会知识基础，而且强化企业多元化发展的能力。新兴人工智能工具和智能生产系统的应用，需要具备各种不同的能力，例如理解和使用大数据技术、准确掌握数据挖掘和数据分析的技能。因此，我们不仅需要加强科学、技术、工程和数学（STEM）教育，还应当重视人文和道德教育，在利用计算机决策时要学会容忍它的模糊性。随着人工智能技术在医疗保健、刑事审判、金融服务和新闻媒体中的逐步使用，社会将面临越来越多的道德和治理挑战。

另一方面，政策应该支持思想观念、社会规范和制度的转变，培养人们管理结构性变化的能力，促进多元化发展，推动富有活力的创新进程。引导学生的教育和职业选择、消费者的消费行为和企业家的创新行为，以便在新的活动中创造更多就业岗位。新的制度应当与时俱进，在创造就业的同时不忘兼顾自然环境保护。例如，环境退化的不良后果引起了各个社会对消费行为可持续性和资本主义生产体系的担忧，有关辩论正在质疑现有发展模式。联合国“可持续发展议程”（Sustainable Development Agenda，UNDP）正是迈向新共识的重要一步。此外，虽然技术变革向来具有破坏性效应，但社会也总是能够相应地达成新的共识，形成新的社会契约，开创面向未来的新愿景。这种共识的基础是强烈的正义感和对制度的信任。鉴于社会不公现象目前在许多国家日益明显，我们需要形成新的共识和社会契约，以便推出有助于向新经济和新就业过渡的政治抉择和制度（UNDP，2015）。在这方面，社会对话可以发挥重要作用。社会对话这种“元制度”（meta-institution）是社会学习的核心，因为它能够指导、管理、加速和维持集体学习和制度变革的复杂过程。正是通过彼此信任和建设性的对话，所有伙伴才能深刻理解我们面临的挑战和局限以及可选择的前进道路，并最终就我们所追求的未来达成共识。

### 以经济、社会和环境协调发展为目标，促进科学、技术和创新

自动化生产流程的推广以及人工智能和智能生产系统的兴起，使制造业和相关服务业只能产生数量有限的就业岗位，从而给全球市场造成了巨大压力。与此同时，各国在社会、环境和经济领域面临许多挑战。各国政府需要制定和实施应对这些挑战的政策，并提供可持续的解决方案，确保经济、社会和环境目标协同推进（UNDP，2015）。这些目标清晰的政策旨在影响技术变革的方向，通过对特定经济领域实施有针对性的政策，从而影响经济的多样化和结构调整，甚至还可能改变人们的消费行为。

许多研究表明，针对特定行业广泛实施积极稳妥的技术和产业政策，有助于实现增长、发展和就业目标（Salazar-Xirinachs等，2014）。例如，绿色经济不仅要求保护环境，它同时也能创造许多就业机会。与此同时，旨在促进中小企业、新工匠经济（new artisan economy）和手工业部门发展的政策，在创造中等技能的新岗位方面也具有很大潜力（Katz，2014）。

此外，科学、技术和创新领域的政策，还需要应对全球社会所面临的严峻的社会、环境和健康挑战。环境退化（如气候变化、海洋中的塑料垃圾）、全球人口增长对安全饮用水的需求、细菌耐多药性（multi-drug resistance，MDR）日益增强等问题，都需要技术解决方案。国际

和多边组织应当发起、资助和协调有关研究和创新计划，开发出相应的人工智能工具来分析大数据以及整合各国数据，从而助力人类增长见识和寻找解决方案。

换句话说，政府的作用不仅仅是创造有利的环境或解决市场失灵。为平衡经济增长与就业、社会包容与体面工作以及环境保护等多项目标，政府在具体的科研、技术和创新方面也应有所作为（ILO，2019）。

### 管理劳动力市场的发展动力：共享收益与公正转型

劳动力市场之所以能实现新的平衡并通过创造就业来补偿流失的工作岗位，其背后的强大动力是基于这样一种假设——技术变革带来的生产率增益可以由工人、消费者和创新型企业家共享。然而，在现实中情况并非总是如此。我们目前在许多国家都可以看到，日益加剧的社会不平等不仅削弱了人们的购买力和消费需求，而且遏制了本国的生产和就业。生产率提高所带来的收益被少数人攫取，从而压抑了市场的自我调节动力和创造就业的能力。财政和工资政策有助于工人们分享到技术变革的红利，而竞争政策则有助于降低消费品的价格。这两项政策都能够提高购买力，增加对各种产品的需求。那些旨在对劳动者的工作进行更加合理分配的政策（如减少工作时间）进一步强化了上述政策的效果。将生产率增益再分配给创新型企业家，可以支持对初创企业的投资，有助于软件和机器人行业的发展并增加就业。

不仅如此，劳动力市场政策在促进与技术变革相关的劳动力平稳转型以及成本公平分担方面发挥着重要作用。政策需要降低转型成本，使工人尽快过渡到新的岗位。积极的劳动力市场政策应支持工人提高在未来劳动力市场上的就业能力；社会保障则应维持工人的基本消费，使他们能够在学习新技能、提高就业能力的同时寻找新的生产性就业。在这种背景下，全民基本收入计划作为一项应对措施得到了大家的关注。